DE

L'ORGANISATION DE LA CHARITÉ

A PARIS

DE

L'ORGANISATION DE LA CHARITÉ

A PARIS

CONFÉRENCE FAITE A LA SOCIÉTÉ D'ÉCONOMIE SOCIALE

PAR

LÉON LEFÉBURE

Ancien député de Paris
Ancien Sous-Secrétaire d'État

Extrait de la *Réforme Sociale*

AUGMENTÉ DE NOTES ET DE CINQ CARTOGRAMMES.

PARIS

IMPRIMERIE F. LEVÉ

17, RUE CASSETTE, 17.

1889

Séance extraord.... du 11 mars

PRÉSIDENCE DE M. LE MARQUIS DE VOGÜÉ
ancien ambassadeur, membre de l'Institut

L'ORGANISATION DE LA CHARITÉ

A PARIS

SOMMAIRE. — Admission de nouveaux membres. — Discours de M. le marquis DE VOGÜÉ, président. — *L'organisation de la charité à Paris*, par M. LÉON LEFÉBURE, ancien député de Paris, ancien sous-secrétaire d'État aux finances. — Allocution de M. GEORGES PICOT, de l'Institut.

A 8 heures 1/2, M. le marquis de Vogüé, *président*, et M. Léon Lefébure prennent place au bureau, avec MM. Georges Picot, de l'Institut et E. Cheysson, *vice-présidents*, M. Levasseur, de l'Institut, M. A. Delaire, *secrétaire général*, et M. J. des Rotours, *secrétaire* (1).

M. LE SECRÉTAIRE GÉNÉRAL fait connaître les noms des membres nouveaux admis par le Conseil.

M. LE SECRÉTAIRE GÉNÉRAL. — Après ces communications indispensables que je me suis efforcé d'abréger, j'ai hâte, Mesdames et Messieurs, d'exprimer nos remerciements, ceux du Bureau, ceux du Conseil, les vôtres aussi, à l'éminent président qui, pour cette séance exceptionnelle, a bien voulu venir diriger nos débats.

Le nom que vous portez, Monsieur, nous est demeuré cher : nous

(1) Une très nombreuse assistance, remplissait la grande salle de l'hôtel de la Société de géographie devenue trop petite pour la contenir. Avaient pris place sur l'estrade : MM. Juglar, Lacointa, J. Michel, anciens présidents de la Société, MM. Depeyre et Welche, anciens ministres, Clément, de la Sicotière, sénateurs, MM. le marquis de Raigecourt, le comte d'Harcourt, Mgr Brincat, directeur de la Société anti-esclavagiste, le chanoine Legrange, B. Saint-Marc Girardin, Albert Gigot, le baron de Claye, etc.

n'avons pas oublié que M. le marquis de Vogüé, votre père, avait été parmi les fondateurs de notre Société. C'était un de ces hommes de bien, une de ces autorités sociales auprès desquelles Le Play et son école ont toujours aimé à venir chercher les enseignements de l'expérience et les leçons de la vraie science sociale.

Vous continuez dignement, Monsieur, cette tradition de famille; aussi sommes-nous doublement honorés de vous voir reprendre parmi nous, fût-ce pour une fois seulement, cette place que le temps avait laissée vide.

Interprète des sentiments unanimes de cette assemblée, je vous prie d'agréer, Monsieur, nos hommages et nos remerciements. (*Applaudissements.*)

M. le marquis DE Vogüé. — Je ne puis, Mesdames et Messieurs, laisser sans réponse les bonnes paroles qui viennent d'être prononcées par M. le Secrétaire général et que vous avez accueillies d'une manière si bienveillante. J'en suis profondément reconnaissant. Le souvenir que vous avez gardé de mon père m'a particulièrement touché : il s'intéressait vivement à vos travaux ; il avait une sympathique estime pour l'éminent et regretté fondateur de votre Société, pour ses efforts courageux, désintéressés et sincères. C'est à ce souvenir que je dois l'honneur de vous présider ce soir. J'ai longtemps hésité, je l'avoue, à accepter cette présidence, car je n'ai aucune compétence dans les œuvres de la charité parisienne; ce qui m'a décidé, c'est la vive satisfaction que j'éprouve à être associé, même pour un instant, à mon ami M. Lefébure, à cet homme de bien, dont la compétence parisienne est bien établie. Paris l'a fait sien le jour, où, par un honneur insigne et mérité, il l'a choisi pour faire sur son nom une grande manifestation patriotique. Il a consacré les ressources de son intelligence et de son cœur à l'étude des questions parisiennes et particulièrement à tout ce qui relève de la charité. La charité à Paris ! quel sujet plus actuel, plus poignant, plus consolant aussi ! Car Paris est par excellence la ville des œuvres charitables, et malgré sa frivolité, ses égarements, ses fautes, Paris demeure la capitale de la charité. Nulle part la charité n'est plus active, plus ingénieuse, plus désintéressée, plus discrète; nulle part elle n'a fait éclore d'idées plus fécondes, d'œuvres plus admirables. Je ne puis tout citer; deux noms suffisent : les petites sœurs des pauvres et l'hospitalité de nuit.

Malgré tant de dévouement, tant d'abnégation, que de misères pourtant restent à secourir! Malgré tant de bien fait, que de bien encore à faire ! Que tenter pour résoudre ce redoutable problème? Faudrait-il modifier ses méthodes, répartir autrement ses efforts, mieux distribuer ses forces? Ce sont les questions dont M. Lefébure a abordé l'étude : il a appliqué, à les résoudre, toutes les ressources de son esprit et de son cœur, toute l'expérience acquise par une longue pratique de la charité ; il vous apporte ce soir le résultat de ses réflexions. En méditant ces graves problèmes, il a toujours eu, présentes à sa pensée, les deux conditions essentielles de la charité : en premier lieu elle doit s'inspirer de l'Évangile; elle doit être l'application pratique et désintéressée des enseignements de Celui qui, résumant les mérites et les démérites de toute vie humaine, pour les peser dans la balance suprême, les a ramenés à cette seule formule : « J'avais faim et vous m'avez donné à manger, j'avais soif et vous m'avez refusé un verre d'eau. » En second lieu, dans tout essai pour organiser la charité, il faut éviter avec soin tout ce qui pourrait altérer son caractère spontané, personnel et libre, se garder de tout ce qui pourrait lui imprimer je ne sais quoi d'officiel et d'administratif. Il ne suffit pas de beaucoup donner, il faut bien donner; il ne suffit pas de donner son argent, il faut donner sa personne et son cœur. En un mot la charité vit de foi, de sacrifice et de liberté. (*Vifs applaudissements.*)

Je n'insiste pas; ce n'est pas moi que vous êtes venus entendre si nombreux, c'est M. Lefébure, je me hâte de lui donner la parole.

M. Léon Lefébure. — Mesdames, Messieurs,

Je n'ai pas écouté sans confusion et aussi, je dois le dire, sans émotion les paroles que M. le président vient de prononcer. Je le remercie de sa bienveillance trop grande envers moi. Quant à l'allusion qu'il a faite à l'Alsace, elle m'est allée au cœur et elle est allée au cœur de tout ce généreux et patriotique auditoire, comme il vient d'en donner la preuve.

Que M. le marquis de Vogüé me permette d'ajouter que je tiens pour un bonheur de traiter sous sa présidence une de ces graves questions, si intimement liées à l'avenir de la paix sociale, qu'il a eu occasion d'approfondir, au sein des grandes industries dont il est le chef, au milieu de ces populations dont la condition morale et matérielle a été le constant objet de la sollicitude de son regretté père et qui lui ont témoigné leur reconnaissance, avec un inoubliable éclat, dans les jours troublés de 1848. Comme le disait à l'instant M. le secrétaire général, M. le marquis de Vogüé a continué les traditions paternelles, mais il a eu la rare fortune de pouvoir associer à ces titres anciens des services nouveaux dont s'honorent à la fois la patrie, la science et les lettres. (*Applaudissements.*)

Le sujet que je vais aborder ce soir avec vous, Mesdames, Messieurs, a provoqué bien souvent, à coup sûr, vos méditations. Ce redoutable problème de la misère, qui de nous ne l'a interrogé, qui n'en a scruté les causes, étudié les remèdes? Loi mystérieuse de l'humanité qui pèse sur elle depuis les anciens âges, et nous la montre à la fois sous son aspect le plus hideux et sous son aspect le plus divin, oui, divin, puisqu'elle suscite la charité, cette fille du Ciel, comme l'appellent les poètes. (*Nouveaux applaudissements.*)

Hélas! Messieurs, notre siècle, tout épris d'idées généreuses, a eu beau se flatter d'inaugurer l'ère de la félicité universelle, le règne de la justice et de l'égalité pure; il a eu beau répandre l'instruction dans le peuple, marcher de découvertes en découvertes, de progrès en progrès, dérober à la science ses secrets, s'assujettir les forces de la nature, triompher de la distance et du temps, il y a une conquête qu'il n'a pas faite : il n'a pas vaincu la misère! Cette société au milieu de laquelle nous vivons, qui possède tous les genres de richesses, qui a connu les joies les plus raffinées qui furent jamais, elle souffre! Et, chose étrange, la misère d'âme lui arrache peut-être autant de plaintes que la misère physique! (*Mouvement!*)

Mais ce ne sont pas des considérations philosophiques que je suis venu développer devant vous, Mesdames, Messieurs, c'est une question de fait que je veux traiter. Je me place sur le terrain de l'observation, de l'expérience, suivant la méthode de la Société d'Économie sociale et de son illustre fondateur, Frédéric Le Play, dont vous me permettrez de prononcer le nom avec la vénération dévouée et la reconnaissance qu'il m'inspire. (*Applaudissements.*)

J'ai à cœur de rechercher avec vous comment on pratique la charité à Paris. Qu'on la fasse largement, très largement, nul ne l'ignore; mais comment la fait-on? Le résultat *répond-il* à l'immensité de l'effort ? En un mot, sait-on s'inspirer de cette parole d'un homme dont on doit toujours citer le nom, quand on parle de la charité à Paris, M. Benjamin Delessert : « L'homme le plus bienfaisant n'est pas celui qui donne le plus, mais celui qui donne le mieux. »

Lorsqu'on étudie l'état de la misère à Paris et les efforts que tentent l'assistance publique et la charité privée pour la soulager et en combattre les progrès, on est frappé de trois grands faits :

1° L'accroissement constant des dépenses de l'administration de l'Assistance publique;

2° La diffusion de plus en plus grande des œuvres charitables dues à l'initiative privée;

3° Le nombre extraordinaire des infortunes qui, sous toutes les formes, sollicitent des secours.

Le budget de l'Assistance publique était, en 1870, de 27,000,000; les prévisions de dépenses, pour l'année 1889, dépassent 41,000,000.

Pendant que les ressources consacrées par la charité officielle au soulagement des pauvres se développaient dans cette proportion, l'initiative individuelle créait des miracles de générosité. Ces miracles, M. Maxime du Camp les a fait connaître dans des récits d'une poignante éloquence qui sont dans toutes les mémoires. Notre temps a été le témoin d'un véritable épanouissement de la charité, et l'on n'a point à craindre de céder à un sentiment exagéré d'amour-propre national, en constatant qu'aucune ville du monde ne saurait, à ce point de vue, rivaliser avec la ville de Paris.

Depuis quinze ans seulement, que d'œuvres nouvelles fondées! Que d'œuvres anciennes transformées, agrandies! Que d'ingénieuses entreprises tentées, afin qu'il ne reste plus, ce semble, une infortune sans soulagement, une douleur sans remède; et de toutes parts que de mains secourables tendues au malheureux! (*Approbation.*)

La création des maisons d'hospitalité est venue combler une lacune regrettable qui existait à Paris, tandis que d'autres villes de France, Marseille notamment, étaient déjà dotées de cette institution. C'est aujourd'hui une œuvre considérable que plusieurs associations ont établie, les unes offrant l'hospitalité de nuit pour un court délai, les autres offrant une hospitalité prolongée, moyennant un travail quotidien, et s'attachant à ce qu'aucun de leurs pensionnaires ne se trouve sans emploi à la sortie de l'asile (1). L'une des plus belles fondations de ces dernières années, l'institut des petites sœurs gardes-malades des pauvres qui vont soigner gratuitement à domicile la femme de l'ouvrier malade, s'occuper de ses enfants, faire son ménage, a pris une telle extension que, après avoir compté une douzaine de sœurs, il y a dix ans, elle en compte par centaines aujourd'hui.

Les crèches, les orphelinats, les asiles ouverts à l'enfance abandonnée, les écoles d'apprentis, les cercles d'ouvriers, les maisons

---

(1) Cette œuvre n'existe encore, à Paris, malheureusement, que pour les femmes, (n° 52, avenue de Versailles); aucune institution analogue n'a été fondée pour les hommes et l'on a occasion, chaque jour, d'en déplorer l'absence. — Voir note A. *Appendice.*

de retraite pour les vieillards, les œuvres pour les malades, les dispensaires gratuits, les patronages, les refuges pour les libérés repentants et pour les pauvres victimes du vice, n'ont cessé de se multiplier. La Société de Saint-Vincent-de-Paul a pris un développement considérable. Enfin, sous l'inspiration du sentiment chrétien, trois nouveaux hôpitaux viennent d'être fondés dans Paris par l'initiative individuelle.

Que si, maintenant, après avoir tracé ce tableau, je constate qu'en ce moment les pauvres nous assiègent et que, chaque jour, le cœur de ceux qui ont quelque pitié se serre, en se reconnaissant impuissants à soulager les misères dont le spectacle s'offre à eux de toutes parts, je me bornerai à affirmer un fait dont chacun de nous renouvelle incessamment l'expérience. (*Mouvement d'approbation.*)

Et je ne parle pas ici de ces hordes de mendiants qui rendent difficile l'accès de tous les lieux publics, des églises, des chapelles notamment, de ces pauvres qui se prétendent des pauvres honteux et qui nous harcèlent dans les rues, le soir, et même à toute heure, en plein jour : ouvriers sans travail, mourant de faim, à les en croire, convalescents qui sortent des hôpitaux, femmes ou filles abandonnées.

Je parle de ces demandes innombrables de gens sans place, d'orphelins délaissés, de vieillards sans ressources, de malades qui attendent leur admission dans des hôpitaux trop pleins pour les recevoir, d'infirmes qui ne sont pas assez malades pour être hospitalisés, et trop pour pouvoir travailler, de femmes chargées de famille ou de jeunes filles qui gagnent un salaire insuffisant pour vivre et ne veulent pas, disent-elles, devoir au vice leur gagne-pain. Chacun est débordé par ces appels réitérés, ces lettres et ces quêtes à domicile. (*Approbation.*)

Je connais, pour ne citer que ce trait, une œuvre d'orphelins qui, si elle avait la possibilité de les recevoir, pourrait admettre en moyenne trois enfants par jour en plus de ceux qu'elle recueille.

De ces faits, Messieurs, découlent logiquement deux conclusions qui peuvent être également justes et entre lesquelles il faut choisir. Ou bien toutes ces ressources réunies, accumulées par la charité officielle ou privée pour venir en aide aux malheureux sont insuffisantes, ce qui suppose que le progrès de la misère, à Paris, a été toujours croissant ; ou bien il y a un vice radical dans la répartition des secours, de mauvaises méthodes qui rendent possibles le gaspillage, le double emploi, et par-dessus tout, l'imposture des faux pauvres, lesquels usurpent les aumônes destinées aux vrais malheureux.

Est-ce la première de ces deux hypothèses qui est fondée? La misère a-t-elle réellement grandi, dans une mesure qui est hors de proportion avec les ressources consacrées à la diminuer, sinon à l'éteindre ? Il est très difficile, je dois le dire, d'arriver à faire une statistique tant soit peu exacte de la misère à Paris. Nous sommes cependant dans le siècle de la statistique et il n'est guère de problème sur lequel ses renseignements auraient autant de prix et d'importance pratique. Or, on peut affirmer que la statistique de la misère à Paris est encore à faire.

Parmi les tentatives les plus récentes pour l'établir, je citerai celle de M. le comte d'Haussonville dans ses belles études. L'Assistance publique lui a fourni ses données, elle lui a indiqué le nombre des indigents inscrits aux bureaux de bienfaisance, depuis un certain nombre d'années, le chiffre des pauvres qualifiés de nécessiteux, des admissions dans les hospices. M. d'Haussonville a pu se faire quelque idée de la misère *secourue*. Il a dû reconnaître bientôt combien les chiffres de l'Assistance publique sont insuffisants pour mesurer l'étendue *réelle* de la misère. On sait qu'une foule de malheureux jusqu'à ces derniers temps ne réunissaient pas les conditions exigées pour être admis au secours.

La comparaison entre des époques différentes est donc malaisée à faire, elle est plus difficile encore à établir entre les diverses capitales de l'Europe. Tout au plus peut-on, comme j'ai essayé de le faire, recueillir un certain nombre d'observations prises à des points de vues divers, qui, réunies, fournissent quelques lumières sur les progrès ou sur la diminution de la misère à Paris.

Mais encore faudrait-il bien s'entendre sur le point où commence la misère, question très complexe qui varie non seulement de ville à ville, mais dans le même milieu.

En Allemagne, par exemple, à Elberfeld, importante cité manufacturière dont je parlerai plus loin à cause de son organisation charitable, on indique comme le point au-dessous duquel commence la misère, les chiffres suivants de revenu par semaine (les marks sont convertis en francs). Pour un chef de famille ou une personne seule, 3 fr. 75. — Pour la femme vivant avec son mari, 2 fr. 50. — Pour un enfant de 15 ans et au-dessous, 2 fr. 50. — Pour un enfant de 10 ans à 15 ans, 2 fr. 25. — Pour un enfant de 5 à 10 ans, 1 fr. 62.

Est-ce tenir compte suffisamment de la différence du coût de la vie en Allemagne et en France que de majorer ces chiffres d'un quart ?

M. d'Haussonville, dans ses calculs, estime que, en tenant compte des différences de sexe, d'âge, de tempérament, la somme annuelle nécessaire pour vivre à Paris, à l'abri du besoin, varie de 850 à 1,200 fr. ; ce qui suppose un salaire variant de 2 fr. 75 à 4 fr. par jour. Au-dessous de 2 fr. 75 ce serait la misère ; au-dessus la vie assurée, bien entendu pour un individu isolé ; pour un ménage, la dépense devrait être augmentée de moitié, et ensuite d'un tiers par tête d'enfant.

Au cours d'une remarquable étude sur *l'État moderne et ses fonctions*, M. Paul Leroy-Beaulieu exprimait, hier à peine, cette conviction que, bien loin que le nombre des pauvres ait augmenté dans les sociétés civilisées — et l'auteur vise manifestement la ville de Paris — toutes les recherches exactes démontrent qu'il a diminué, et il ajoute qu'il est vraisemblable que si l'État ne contribue pas à l'entretenir par une intervention maladroite, ce nombre se rédu.ra encore. Je ne serai peut-être pas, je l'avoue, aussi affirmatif que M. Leroy-Beaulieu, en ce qui touche du moins la ville de Paris. Mes observations personnelles me portent à croire que, en tenant compte de l'accroissement de la population, le nombre des pauvres depuis 15 ou 20 ans, s'il n'a pas augmenté dans des proportions qui font contraste avec la générosité publique, a peu diminué et peut-être point du tout. M. d'Haussonville penc' a vers cette conclusion. M. Maxime du Camp, dans son livre sur *Paris et ses organes*, écrit en 1884, considérait déjà que la portion de la population parisienne qui est dans un état précaire s'était peu modifiée.

Que nous apprennent les documents officiels les plus récents publiés par la ville de Paris? Si nous consultons les registres de l'Assistance publique, nous constatons que le nombre des indigents inscrits, en l'année 1861, s'élevait à 90,287 ; — en 1880, ce nombre est de 133,049. En tenant compte de l'augmentation de la population pendant la même période, on trouve que le rapport de la population indigente à la population totale n'a varié de 1861 à 1880 que de 5,32 à 5,01 % . C'est l'indication d'un état stationnaire. Il convient de faire remarquer toutefois que l'Assistance publique, en opérant tous les trois ans le recensement des indigents inscrits sur ses registres, en profite pour réduire le personnel indigent qu'elle doit secourir et pour le mettre en rapport avec ses ressources.

Ainsi le 30 mai 1830, époque du dernier recensement, le nombre des ménages inscrits était de 74,735, comprenant 145,177 personnes. Or, ce chiffre fut ramené à 51,000 ménages et 133,647 personnes, soit une diminution de 3,734 ménages et 11,528 personnes ou de 8 % , par le seul fait des radiations opérées. Il ne faut pas oublier que la place d'indigent est très recherchée et que s'il y a beaucoup d'appelés, il y a peu d'élus.

Quelquefois ces recensements sont accompagnés d'une enquête dont les résultats sont publiés. La dernière a donné lieu à d'intéressants calculs que M. le docteur Bertillon a consignés dans l'Annuaire statistique de la ville de Paris, pour 1884.

Les points de repère ou « index numbers », comme disent les Anglais, auxquels on peut recourir pour apprécier les variations de la misère et les progrès de l'aisance générale, sont le nombre proportionnel des habitants qui sont servis par des domestiques, celui des ouvriers, le prix des logements, le nombre des contrats de mariage, les classes d'enterrement et d'inhumation et enfin la consommation de la viande à l'intérieur (1).

Sur 100 indigents il n'y en a plus que 15 aujourd'hui qui payent moins de 100 francs de loyer. La grande majorité paye une somme qui varie de 100 francs à 200 francs et 20 % paye davantage. Cela indique surtout, malheureusement pour les pauvres, l'élévation du taux des loyers. En 1881, sur 36,713 ménages inscrits, 12,120 payaient un loyer *inférieur* à 100 francs.

Le nombre des domestiques et celui des ouvriers ont été calculés trop récemment pour qu'il y ait un écart sensible entre leurs chiffres.

Les contrats de mariage présentent une courbe décroissante. Sur 1,000 mariages contractés, en 1880, 180 avaient des contrats : en 1881 on n'en trouve plus que 103, c'est-à-dire 10 % ; mais en 1886 le chiffre se relève et atteint 167. Cette statistique est invoquée comme un argument parce que le contrat indique, chez les fiancés, un certain apport dans la communauté. Le contraire, je le reconnais, n'implique pas la misère. Un ménage d'employés peut gagner des appointements de quelque importance, sans qu'il y ait aucun apport.

Quant aux services funèbres qui sont divisés en 9 classes variant de 8,000 francs à 19 francs, plus un service ordinaire qui ne coûte rien et a été confondu, en fait, avec la 9° classe, la statistique municipale nous apprend qu'il y a aujourd'hui, à Paris, 544 enterrements de 9° classe sur 1,000 décès. En 1872, le nombre des enterrements gratuits était de 580 pour 1,000. Depuis 15 à 18 ans, il n'y a donc pas eu de différence sensible. Il n'est pas sans intérêt de remarquer, en passant, que plus de la moitié de la population parisienne est portée en terre dans le char de 9° classe.

Enfin la consommation de la viande qui a beaucoup augmenté, à Paris, pourrait être l'indice d'un accroissement d'aisance, si la variation des tarifs de l'octroi, d'un laps de temps à l'autre, ne mettait obstacle aux comparaisons.

Malgré ces difficultés, on n'admettra pas, j'en suis convaincu, qu'il soit impossible à la Ville ou à l'Assistance, moyennant une enquête attentive, bien dirigée et faite avec suite, de dresser l'état chronologique du paupérisme à Paris, de savoir s'il augmente ou diminue et quelles sont les influences qu'il subit. A elles seules

(1) Voir note B. *Appendice.*

les observations journalières des secrétaires de bureaux de bienfaisance, dans chaque arrondissement, fourniraient un élément très utile à cette enquête. (*Mouvement d'adhésion.*)

Quoi qu'il en soit, constater, en présence de l'immensité de l'effort tenté, que la proportion du paupérisme avec la population est restée la même, n'est-ce pas un fait infiniment attristant? Et ne sommes-nous pas conduits, dès lors, à faire le procès aux méthodes qui président à la distribution des secours? (*Approbation.*) Est-il permis de s'étonner que dans l'esprit de beaucoup de ceux dont la charité est aux prises avec ces sollicitations, avec cette obsession de tous les instants, la question se pose de savoir s'ils ne sont pas les dupes et les victimes d'une vaste exploitation?

La réponse ne serait point douteuse si l'on s'en tenait aux affirmations d'un écrivain distingué, qui exposait tout récemment et avec quelque retentissement, dans l'un des plus importants journaux de la capitale, le résultat de ses observations sur la misère et décrivait le *Paris qui mendie.*

Dix-neuf fois sur vingt, au dire de cet écrivain, les malheureux qui implorent votre charité d'une voix suppliante ne mériteraient ni pitié, ni assistance, et ne seraient que des industriels qui exercent une profession, et une profession souvent lucrative.

Comme toutes les professions aujourd'hui, la mendicité aurait fait des progrès, et de même qu'il existe des écoles d'apprentissage et de perfectionnement pour chaque branche d'industrie, il y a des écoles d'apprentissage et de perfectionnement pour ceux qui veulent faire leur carrière dans la mendicité, et le métier deviendrait de jour en jour meilleur.

Les efforts de la police pour réprimer la mendicité seraient vains. Les trois quarts des mendiants arrêtés seraient remis en liberté, soit directement par le parquet, soit par les tribunaux; en sorte que dans cette lutte entre l'administration et les mendiants, ces derniers auraient le dessus et les agents seraient découragés.

M. Maxime du Camp avait déjà insisté, en des pages saisissantes de couleur et de pittoresque, sur cette plaie de l'imposture. Il l'avait montrée sous des formes très diverses dans ses deux ouvrages, *Paris et ses organes* et *Paris bienfaisant.*

L'étude récente à laquelle je fais allusion nous initie à de nouveaux détails sur l'existence et les mœurs de cette catégorie de la population; elle suit le mendiant dans toutes ses métamorphoses : l'apprenti devenant compagnon, puis faisant son choix, selon ses aptitudes, entre le service actif et le service sédentaire, c'est-à-dire devenant mendiant ambulant, ou mendiant résidant à poste fixe.

Elles sont infinies les variétés de ces industries qui consistent à vivre à nos dépens, et rien n'est curieux en particulier comme l'analyse du budget du mendiant, dit retraité, de ce mendiant qui vit de recettes auxquelles tout le monde contribue, excepté lui dont le seul rôle est de les dépenser, qui recevra dans sa journée plus de dix ou douze visites de personnes charitables ou déléguées de sociétés philanthropiques, lesquelles arrivent toutes les mains pleines. Le bureau de bienfaisance fournit le pain, le curé ou le pasteur donnent le pot-au-feu, la caisse des écoles habille les enfants, le vestiaire approvisionne le ménage de linge, la société des loyers paye le terme, les bonnes sœurs se chargent des petites douceurs ; les familles riches du quartier, les journaux, les organisateurs de fêtes de charité, le maire, le préfet, le ministre de l'intérieur, donnent l'argent de poche. (*Rires !*)

L'art de tirer parti des infirmités, les habiletés du pauvre paralytique, du pauvre épileptique, de la femme aveugle et estropiée qui sert de boîte aux lettres aux amoureux, en un mot les roueries innombrables des mendiants pour exploiter les ressources de la charité parisienne et devenir capitalistes sans travailler et sans enfreindre le Code pénal, fournissent autant de chapitres d'un piquant intérêt.

Toutes ces infamies existent, conclut l'auteur, tous ces métiers prospèrent. Pourquoi ? Parce que, à Paris, le mendiant est heureux, parce qu'il vit à l'aise, lorsqu'il ne fait pas fortune.

Et, faut-il le dire, un fait cité par M. le directeur de l'Assistance au ministère de l'intérieur, dans une séance d'ouverture du conseil supérieur, a paru, — je dis : a paru — donner raison dans une certaine mesure au scepticisme de ce physiologiste de la misère parisienne. M. Monod racontait, en effet, qu'un homme de bien qui avait pris ses mesures pour assurer du travail à tous les mendiants valides venant à se présenter à lui, avait constaté que sur 727 mendiants valides qui se lamentaient de n'avoir pas d'ouvrage, et auxquels il en avait procuré, 18 seulement étaient revenus travailler après la troisième journée, en sorte que sur 40, on n'en rencontrait qu'un qui fût sérieusement disposé à travailler moyennant un bon salaire. (*Exclamations.*)

J'ai hâte de dire que le tableau du *Paris qui mendie* fort spirituellement présenté par l'écrivain du *Temps*, ne saurait être pris au pied de la lettre. Il peut avoir l'avantage de rendre plus circonspectes certaines âmes charitables, dont la crédulité trop facile encourage l'imposture ; il serait infiniment regrettable que ces peintures, où l'imagination et la généralisation tiennent une grande place, vinssent refroidir l'élan de la charité. (*Vive adhésion.*)

Je n'ose m'en rapporter à ma propre expérience, mais je fais appel à tous ceux qui ont l'habitude de visiter les pauvres dans Paris, et je leur demande si presque toujours ils n'ont pas constaté, et dûment constaté que la réalité, en fait de misère, dépasse tout ce que l'on pouvait supposer (*Nouvelle adhésion*). Pour moi, je n'ai pas encore fait connaissance avec le mendiant dit retraité, auquel tout le monde contribue à faire des rentes et qui vit comme un seigneur. Si j'avais besoin de démontrer combien sont réelles et nombreuses les souffrances à Paris, je n'aurais qu'à attirer votre attention un instant sur l'état des logements où se réfugient les pauvres et vous dire qu'il y a 27,835 logements habités par des indigents, soit 57 %, qui ne se composent que d'une seule pièce, que 47 % de ménages indigents ne respirent que par une tabatière; qu'il y a 3,192 logements, soit 7 %, qui ne prennent jour que sur un palier ou un corridor. (*Mouvement.*) A dire vrai, je ne connais guère dans la capitale d'indigents qui jouissent de l'air et de la lumière hors les 659 ménages recueillis et soignés par les Petites sœurs des pauvres.

Il n'en est pas moins vrai que l'exploitation existe, et sur une grande échelle, et que l'on n'a pas su se défendre contre de tels abus. Je traiterai plus loin cette question du contrôle, sans lequel l'aumône est distribuée à l'aveugle, question qu'un généreux et sagace ami des pauvres s'est efforcé de résoudre depuis quelques années à Paris, mais dans une mesure forcément restreinte.

Je recherche en ce moment les causes générales qui expliquent comment la charité officielle et la charité privée sont arrivées, en dépit de tant de ressources, à soulager la misère d'une manière si insuffisante.

Sans vouloir méconnaître le rôle de l'administration de l'Assistance publique et sans être injuste envers elle, il est permis de dire qu'elle est loin de réaliser avec ses 42 millions le bien qu'elle devrait produire, et que son organisation présente des lacunes incontestables. Je ne méconnais pas la portée de certaines améliorations récentes. On a modifié, il est vrai, ces inscriptions permanentes aux bureaux de bienfaisance avec leurs secours dérisoires, distribués sans profit réel pour les indigents. On a organisé à Bicêtre une œuvre d'enfants idiots. Mais sans parler de la laïcisation et de ses résultats désastreux à tous les points de vue, que de misères restées sans soulagement, que d'obstacles avant de pouvoir obtenir un subside, que de règlements destinés à écarter les catégories de nécessiteux et à les priver même d'une parcimonieuse assistance!

Les pauvres petits infirmes qu'abrite la maison des frères de Saint-Jean-de-Dieu ne verraient point s'ouvrir les portes des hospices avant leur vingtième année; les orphelins, les délaissés, ne reçoivent habituellement que des sommes insuffisantes, ou sont embrigadés dans le service des enfants abandonnés. (*Mouvement d'approbation.*)

L'Assistance, avec ses formules étroites, sa bureaucratie, enchaînant les bonnes volontés, subordonnant tout à des règlements inflexibles, n'arrive pas à relever le nécessiteux valide tombé dans la misère, à le mettre à même de se passer d'aide, but final que doit se proposer toute assistance raisonnée. Cette administration si vaste ne peut presque rien pour l'enfance. Ses asiles de vieillesse engloutissent en constructions fastueuses, en personnel superflu, des millions qui assureraient un refuge à des centaines de malheureux, le travail y est mal organisé, et il semble que certain corps élu prenne plaisir à désorganiser ces grandes agglomérations, en y énervant toute discipline.

Je ne sais si ce qu'a écrit un inspecteur général des établissements de bienfaisance, M. le baron de Watteville, dans un rapport souvent cité sur la situation du paupérisme en France, est vrai ; mais il est frappant de trouver sous la plume d'un haut fonctionnaire de l'Assistance cette constatation que « depuis soixante ans que l'administration de l'Assistance publique à domicile exerce son initiative, on n'a jamais vu un indigent retiré de la misère et pouvant subvenir à ses besoins par les moyens et à l'aide de ce mode de charité, et que, au contraire, elle constitue souvent le paupérisme à l'état héréditaire ».

Mais si l'Assistance publique est insuffisante et laisse à désirer par bien des côtés, les œuvres charitables privées donnent lieu à des critiques fondées.

D'abord, elles sont isolées les unes des autres, sans cohésion ; elles ne peuvent assez ni s'entr'aider, ni donner la mesure exacte de leurs moyens. Il semble qu'une muraille de la Chine les sépare et que chacune d'elles doive ignorer à qui profitent les secours donnés hors de son cercle d'action. Rien de plus fréquent, dès lors, que les doubles emplois ; rien de plus encourageant pour les industries de la fausse indigence. Cet isolement augmente, en outre, dans une proportion considérable les frais généraux des œuvres et diminue les ressources qui peuvent être directement employées au soulagement des malheureux.

D'un autre côté, pour quelques œuvres dont le nom est dans toutes les bouches, la plupart sont inconnues de ceux même qui font le bien et qui pourraient y recourir.

Là, il y a cent demandes d'admission pour dix places vacantes ; ailleurs, un établissement peu connu végète, meurt, faute de trouver les ressources nécessaires pour subsister. Que l'on en juge par ce qui se passe pour les orphelinats auxquels on a si souvent besoin de recourir. Où existe-t-il des renseignements précis sur ces établissements, sur les conditions d'admission, etc. ? Il y a des manuels, dira-t-on, qui renferment la nomenclature et l'adresse de toutes les œuvres et où se trouvent ces indications. Sans doute. Mais entre les mains de combien de personnes se trouvent-ils ces manuels? Ne sont-ils pas, d'ailleurs, tout à fait insuffisants dans leurs indications et nécessairement et bien vite incomplets, les institutions se transformant et rien n'indiquant les modifications survenues? (*Approbation.*)

Aussi, qu'arrive-t-il? Un malheur imprévu frappe une famille d'ouvrier, d'artisan, de concierge, de petit employé; une femme meurt laissant deux, trois, quatre enfants; le mari, obligé de travailler tout le jour pour vivre, ne peut les élever; des voisins généreux ouvrent leur bourse et se déclarent prêts à assurer l'avenir d'un ou de deux enfants. Vite, on se demande à quelle porte frapper. On s'informe. Le hasard indique un orphelinat. On s'y rend. Il n'y a pas de place, ou le prix de la pension est trop élevé. On en cherche un autre. On ne le découvre pas tout de suite. Le temps s'écoule; l'élan généreux se ralentit. Les donateurs s'étonnent qu'un si long retard soit nécessaire pour accepter une libéralité : le bon vouloir devient mécontentement, et voilà peut-être la destinée d'un pauvre petit être qui était assurée et qui est à jamais compromise. (*Applaudissements.*). Peu de personnes soupçonnent l'étendue des ressources qu'offrirait la charité à Paris, si l'on était à même d'en tirer profit opportunément; bien peu savent combien sont nombreuses, variées, les œuvres destinées à l'enfance : crèches, orphelinats dans les conditions les plus diverses, œuvres d'adoption, de pupilles, d'apprentis, œuvres pour le rapatriement d'orphelins délaissés, pour les jeunes filles sans place, les femmes abandonnées, les mères de famille indigentes, les pauvres honteux; œuvres de toute nature en faveur des malades, pour les faire visiter à domicile ou dans les hôpitaux; sociétés de secours pour les mutilés pauvres, pour l'admission à bon marché dans des maisons de santé, pour les convalescents; asiles spéciaux pour les épileptiques, les incurables, les vieillards; sociétés de patronage pour les prisonniers libérés; institutions de prévoyance de tout genre, banques populaires, caisse des loyers, etc.

Pour que ces œuvres fussent connues de la masse du public, pour que l'on sût où et comment s'adresser, pour qu'on pût le faire rapidement, une organisation rationnelle de la charité libre était indispensable. Elle n'a même pas été tentée. Il n'y a eu place jusqu'ici que pour l'inflexible réglementation de l'assistance publique ou pour les élans confus et le particularisme extrême de l'assistance privée.

Il est vrai de dire que, dans ce domaine de la charité comme dans tous les autres, nous avons accompli en France, à un moment

donné, de ces changements brusques et radicaux, bien faits pour
déconcerter les inspirations et l'action de la charité. On a vu dispa-
raître tout à coup une vieille organisation, qui pouvait avoir ses vices,
qui n'avait pas d'unité, pas d'idées générales, mais qui était le résultat
d'efforts et d'institutions séculaires, qui avait sa raison d'être dans
les besoins et les traditions, dont les centres naturels étaient
répandus sur tous les points du pays, et permettaient de pratiquer
l'assistance dans un rayon assez restreint pour le faire en connaissance de cause. Il est sorti de cette transformation un état de choses
nouveau, un peu artificiel au début.

L'État moderne, obéissant à ses tendances, s'est substitué un peu
partout aux institutions indépendantes, autonomes, spontanées,
et il s'est notamment emparé du domaine de l'assistance, croyant,
selon une juste remarque, que rien ne peut résister au double
pouvoir dont il dispose : la contrainte légale et la contrainte fiscale.

A côté de l'assistance administrative, les œuvres privées se sont
fondées et développées sans concert, un peu au hasard, le plus
souvent sous l'inspiration de la foi religieuse, quelquefois sous
l'inspiration de la vanité ; l'effort n'a pas toujours été porté du
côté où le besoin était le plus pressant, ni dirigé par un esprit de
discernement qui eût été très nécessaire.

Nous aurions pu tout au moins nous informer de ce que faisaient
les nations voisines pour rendre efficace l'effort de la charité et
bénéficier de leur expérience. Mais, il y a longtemps qu'on l'a dit,
nous ne savons pas regarder au delà de nos frontières. Quand parfois cela nous arrive, nous sommes tout surpris de découvrir les
applications multiples et fécondes de mesures, de progrès dont nous
avions eu l'initiative, et que nous avons négligé de poursuivre.
(*Mouvement d'approbation.*)

Au point de vue de l'organisation de la charité, il s'est accompli
à l'étranger des progrès considérables, surtout depuis le Congrès
de Bienfaisance tenu à Londres en 1862, congrès qui a eu un véritable retentissement, et où la France a été brillamment représentée
par MM. de Melun et Augustin Cochin.

Mon dessein n'est pas d'entrer dans l'examen approfondi des
divers systèmes pratiqués chez les autres nations et des améliorations qu'ils ont reçues. Je voudrais me borner à signaler, parce
que cela rentre dans l'exposé de la thèse que je soutiens, deux
types d'organisation de charité tout à fait différents ; je veux parler
des méthodes qui ont prévalu en Allemagne et aux États-Unis, et
qui ont été mises en pratique d'une manière remarquable dans
deux villes importantes de ces pays : Elberfeld et New-York. Si
j'ai choisi la ville d'Elberfeld, c'est qu'elle donne une idée de

l'organisation de la charité en Allemagne et que c'est un centre industriel considérable qui a plus de cent mille habitants, et une population ouvrière énorme; elle nous offre le spectacle de la plupart des vicissitudes du combat engagé contre le paupérisme moderne. Ce n'est pas que l'organisation de la charité dans ces grandes cités n'offre point d'analogies, dans son fonctionnement pratique, avec l'organisation de l'Assistance publique ou même de la société de Saint-Vincent-de-Paul chez nous; mais elles sont caractérisées par des points de départ, par des idées générales et par un esprit si absolument différents, qu'il n'est pas sans intérêt de les mettre en lumière.

Deux principes, on le sait, dominent en Allemagne toute l'organisation de l'Assistance.

1° A l'État incombe (c'est le texte même d'une disposition de l'Allgemeines Landrecht de Prusse,) la tâche de pourvoir à la nourriture et à l'assistance de tout citoyen qui ne peut se suffire à lui-même, si d'autres particuliers ne se trouvent pas légalement obligés à son entretien ; 2° à l'État appartient la surveillance de l'indigent, et la faculté de déléguer ses devoirs et ses pouvoirs à des autorités locales. C'est le principe de l'Assistance obligatoire.

En vertu de ce principe, toutes les œuvres d'assistance : hôpitaux, secours à domicile, sont concentrés à Elberfeld entre les mains d'un Bureau central, nommé par le conseil municipal et placé sous sa dépendance. C'est une autorité de contrôle et de direction. Au-dessous d'elle se trouve la section qui est une autorité de décision et se compose de visiteurs des pauvres, agents d'enquête, de surveillance et de distribution. La ville est partagée en un certain nombre de sections qui comprennent chacune quatre quartiers.

Les visiteurs des pauvres sont choisis par le conseil municipal pour trois ans et renouvelés par tiers. Ces fonctions sont obligatoires et gratuites. On est visiteur des pauvres comme on est juré chez nous. Chaque visiteur a un quartier, c'est-à-dire deux ou trois familles. Leur nombre est aujourd'hui de 364.

Les secours sont délivrés par le bureau central après enquête et sur la proposition de la section. Le visiteur doit chercher du travail à l'indigent : le but est la dation du travail, et si le travail est interrompu par quelque crise imprévue, la ville y doit pourvoir par des travaux extraordinaires.

C'est un service public dont le fonctionnement est assuré et garanti au moyen de l'impôt, et cet impôt lui-même est établi par la ville sur le chiffre des ressources annuellement nécessaires pour faire face aux besoins de l'assistance, après constatation de ce chiffre par le Comité central.

Fondé sur la centralisation de toutes les ressources entre les mains de l'administration, sur une enquête permanente ouverte sur la misère, sur le contrôle sans cesse renouvelé de la situation de chaque pauvre, ce régime aurait donné des résultats satisfaisants, puisqu'il aurait réduit d'une façon constante, si l'on en croit les documents qui ont été publiés, la proportion des indigents dans la ville d'Elberfeld, et que le chiffre des personnes secourues, qui était en 1855 de 37.5 par mille, n'était plus en 1883 que de 22.6.

Il donne lieu toutefois à deux remarques importantes. La première, c'est que la mesure adoptée en 1843, du recouvrement par voie d'impôt de la somme nécessaire à l'Assistance publique, a eu pour conséquence immédiate une recrudescence du paupérisme, la diminution qui s'est produite n'étant venue que plus tard après un changement que je vais indiquer; la seconde remarque, c'est que les promoteurs eux-mêmes do l'assistance officielle ont reconnu en 1880 que cette organisation était insuffisante et qu'elle avait besoin du concours du dévouement volontaire pour être complète et efficace. L'Assistance publique a donc provoqué elle-même la fondation de l'Association libre des femmes d'Elberfeld, laquelle a créé depuis son existence un grand nombre d'œuvres utiles, et sert do trait d'union entre l'assistance administrative et les diverses associations de bienfaisance privée et notamment avec l'assistance donnée par les diverses confessions religieuses. L'Assistance publique n'avait aucun lien avec elles avant 1880; elle excluait même les pauvres assistés par ces confessions de tout droit au secours de la ville, et s'était emparée de tous les biens dont les églises consacraient le revenu aux pauvres. Elle leur avait déjà rendu ces biens en 1854, mais l'établissement de l'Association libre des femmes d'Elberfeld a inauguré tout un nouvel état de choses.

Entre ces procédés et l'organisation de la charité qui fonctionne à New-York et dans les villes des États-Unis, le contraste est frappant. Ici tout s'accorde avec la forme décentralisée et très démocratique du gouvernement.

Depuis 50 ans, dans chacuno des grandes cités américaines, il se manifestait une tendance à multiplier et à doter les institutions charitables. Des œuvres nombreuses se formèrent, distinctes, sans communication entre elles : toutes les communions religieuses en établirent. La plupart obtinrent le bénéfice de l'existence légale, l'incorporation étant conférée, sur leur demande, à presque toutes les sociétés s'occupant des pauvres, lesquelles se trouvaient ainsi à même de recevoir de toutes parts des libéralités testamentaires.

Au milieu de tant de sociétés indépendantes, discordantes, parfois rivales, la confusion, la mauvaise distribution des secours

2

étaient fréquentes, et il en résultait pour les faux indigents la possibilité de vivre au détriment de ces œuvres. C'était, selon une expression qui eut cours à ce moment, le chaos de la charité. Il manquait une organisation de l'effort charitable, des méthodes plus sages présidant à la distribution des secours.

Faire appel pour y remédier aux autorités civiles, aux administrations municipales, à l'État, c'eût été évidemment aller à l'encontre de l'esprit des institutions américaines. On jugea qu'il fallait recourir à la coopération et à l'organisation volontaires des sociétés existantes. Dans la plupart des grandes villes une agence centrale fut établie, sorte de bureau de contrôle des pauvres qui éclairait les associations charitables et permettait d'éviter le cumul des secours. On y examinait la moralité de ceux qui demandaient, en utilisant le concours d'agents visiteurs et de conseils de districts. Des archives étaient constituées.

La tentative faite à Londres en 1869 pour donner à la charité une organisation nouvelle a exercé beaucoup d'influence sur le mouvement qui s'est produit aux Etats-Unis. Les instructions rédigées par la Société de bienfaisance de Londres furent partout répandues. Le but poursuivi, c'était qu'il n'y eût plus d'échappatoire pour l'imposture, plus de sombre recoin de misère, de maladie et de corruption qui ne fût visité, plus de plaie sociale s'envenimant qui ne fût soignée par des mains aimantes et habiles, plus de barrière d'ignorance ou d'apathie égoïste entre le riche et le pauvre qui ne fût renversée, aucune différence de religion n'empêchant l'unité d'action pour la cause commune de l'humanité.

La Société fondée à New-York prit de rapides développements, et c'est celle que je désire signaler ici, encore qu'il y en ait d'importantes aussi à Buffalo, à New-Haven, à Philadelphie, à Baltimore.

La Société de New-York est une grande agence s'interposant pour obtenir des secours, et qui a surtout pour but de coordonner et de rendre pratiques les efforts de la charité. Son but est d'amener les sociétés de bienfaisance à coopérer entre elles par un système d'enregistrement, pour empêcher les secours distribués sans discernement et en double, garantir le corps social de l'imposture, s'assurer de renseignements complets et d'une action appropriée à tous les cas, d'obtenir des associations de charité existantes, le secours précis dont on a besoin, afin qu'il n'y ait pas un cas de pauvreté qui ne soit convenablement secouru, exceptionnellement de donner des secours, quand on a besoin d'un aide immédiat, et que toutes les autres ressources manquent. Des visites bien organisées assurent l'exécution pratique de ce plan, elles ajoutent à l'aumône la sollicitude affectueuse qui parfois la remplace.

J'aurai achevé de caractériser son action, en disant qu'elle poursuit l'amélioration continue de la condition des pauvres, en s'efforçant de diminuer le vagabondage et le paupérisme et d'en déterminer les causes, de faire du travail la base des secours, de relever la vie de famille, l'hygiène et les mœurs des pauvres, d'empêcher par tous les moyens en son pouvoir les enfants de grandir comme des êtres voués au paupérisme, en poussant à l'épargne, au respect de soi-même et à une meilleure manière de vivre, en se vouant enfin à une étude approfondie des causes du paupérisme et des meilleures méthodes pour combattre l'indigence et la dégradation.

En ce qui touche spécialement l'épargne, l'office charitable a engendré des sociétés d'épargne notamment à Newport et à Castleton, qui par l'organe des visiteurs vont provoquer et recevoir à domicile le versement des petites épargnes, engageant ainsi le pauvre à s'aider lui-même. Une de ces sociétés d'épargne a fait en une année plus de huit mille visites à 500 familles diverses et a ramassé quatre mille dollars, et elle a constaté que les pauvres étaient en général très reconnaissants envers ceux qui les poussent et les forcent ainsi amicalement à l'économie.

La Société de New-York, qui ne fonctionne que depuis cinq ans, n'a pas cessé de grandir dans la faveur populaire. A la fin de l'année 1886, 288 sociétés se servaient d'elle comme de centre de communication, un nombre considérable de particuliers avaient recours à son office pour se renseigner sur ceux à qui s'appliquent leurs aumônes. Le bureau d'enregistrement de la Société a reçu 137,938 rapports; elle a donné des informations sur 88,333 familles qui comprennent 352,000 personnes. Sur 4,285 individus qu'elle a, d'une manière suivie, entrepris de faire sortir de la misère, près de 700 ont pu se suffire à eux-mêmes, quand on leur eut procuré du travail, 457 ont été envoyés chez des amis prêts à les soutenir ou dans des milieux où ils pouvaient trouver à s'employer. •

L'examen des individus congédiés l'année précédente comme n'ayant plus besoin de secours prouve que très peu d'entre eux retombent dans l'indigence. Sur ces 4,280 pauvres, la proportion des individus indignes de secours n'a été que de 14 %.

« L'expérience a convaincu le conseil central, dit le dernier rapport de la Société d'organisation de New-York, que les charités publiques et privées de la ville sont amplement suffisantes, si elles sont bien systématisées et coordonnées, pour soulager convenablement tous ceux qui peuvent y avoir titre par suite d'abandon, d'accident ou de circonstances critiques, et que, par conséquent, il n'y a pas d'excuse à mendier dans la rue. »

Si j'ai cité l'organisation de la charité dans ces deux pays, est-ce

avec la pensée que l'un ou l'autre de ces deux types soit fait pour
prévaloir dans notre pays, et qu'il en faille souhaiter l'adoption?
Telle n'est pas ma pensée. J'ai voulu montrer avec quel zèle, quelle
sollicitude, et aussi quel esprit pratique, on s'occupe à l'étranger de
la solution de cette question capitale.

Chaque nation a ses traditions, son esprit, ses habitudes, ses
besoins; elle doit compter avec ce que le temps et la coutume ont
établi, et ni le régime de l'assistance sous la forme de service obligatoire, ni le régime de l'assistance libre substituée exclusivement à
l'assistance publique ne nous conviennent. Chez nous ces grands
facteurs interviennent tous deux dans ce domaine et y ont chacun
leur rôle. Ce dont nous avons à nous préoccuper, c'est de coordonner
leur action et de faire qu'ils se complètent l'un l'autre et arrivent
à combattre efficacement la misère. (*Mouvement d'approbation.*)

Cette solution ne plaît point aux fanatiques de progrès rapides et
illimités, comme les appelle M. Leroy-Beaulieu; l'action exclusive
de l'État, la contrainte légale, leur paraît être un moyen plus expé-
ditif d'atteindre le but proposé. Volontiers, ils feraient de l'État la
nourrice, le maître d'école, le tuteur, le médecin, l'aumônier de tout
le monde. (*On rit.*) L'expérience nous montre, chez nous du moins,
le résultat précaire de cette manière de résoudre les problèmes
sociaux par l'intervention de forces générales, au lieu de la demander
aux œuvres vivantes et partielles. Il nous faut autre chose qu'un
fonctionnaire public venant au nom de l'État acquitter avec le
produit de l'impôt une dette de l'État. Rien ne serait plus contraire
à notre esprit spontané, généreux, chevaleresque, à nos qualités
françaises et à l'intérêt même des pauvres. (*Vive approbation.*)

La charité légale n'a pas supprimé le paupérisme en Angleterre;
elle l'a plutôt augmenté; elle a éteint le sentiment de la prévoyance,
de la responsabilité personnelle et de la dignité, étouffé les vertus
de la famille dans toute une partie de la classe ouvrière britan-
nique. Les socialistes nous disent : Vous parlez toujours de l'Angleterre de 1834. Les temps sont bien changés. L'Angleterre a vaincu
le paupérisme, grâce à ses lois que vous critiquez sans les connaître! Le revirement de l'opinion est complet. Je réponds : le mal
causé par la loi des pauvres a été tel et si bien reconnu qu'en 1885
le Parlement a ordonné la réimpression de l'enquête de 1832, ainsi
que le constate M. Georges Picot, dans un rapport du mois d'oc-
tobre dernier, présenté à l'académie des sciences morales et politiques sur l'assistance publique dans les campagnes, et cette enquête de 1832 est la condamnation la plus formelle de la charité
légale.

Et, bien que l'Allemagne ait des mœurs différentes des nô-

tres et qu'elle se prête par nature à l'embrigadement, on a vu qu'à
Elberfeld l'assistance officielle a reconnu la nécessité de recourir à
l'initiative individuelle, au dévouement libre, sachant qu'elle demeure forcément stérile en bien des choses.

En France ce sont les représentants eux-mêmes de l'Assistance
publique, nous l'avons vu, qui reconnaissent que, impuissante à
extirper le paupérisme, elle en développerait plutôt les germes.
L'intervention de l'État dans ce domaine, si elle a sa raison d'être,
doit donc être maintenue dans de justes limites, et restreinte bien
loin d'être étendue. (*Approbation.*)

Pour organiser rationnellement et pratiquement, pour rendre
efficace la double action qui existe chez nous, pour mettre les œuvres privées à même de donner toute leur mesure, que nous faudrait-il donc?

Une grande œuvre libre d'assistance, fondée par l'initiative privée,
à côté de l'Assistance publique; une association puissante, n'ayant
aucun caractère politique, mais un caractère purement bienfaisant,
destinée à combler les lacunes de l'assistance officielle, vivant en
bons rapports avec les administrations publiques, lien naturel
entre les œuvres charitables et intermédiaire efficace entre elles, le
public et l'État, un Bureau central qui n'accorderait pas lui-même
de secours, mais qui ferait donner utilement et opportunément et
saurait si le secours donné atteint son but.

Je l'ai dit : les œuvres existent chez nous, elles se nomment
Légion, elles couvrent Paris, la province; mais elles sont isolées, et
on ne sait comment s'adresser à elles. Le rôle de cet office central
serait considérable.

Il ne saurait s'agir, bien entendu, de s'immiscer en aucune façon
et sous aucun prétexte dans la vie intérieure des œuvres, ni de
porter la moindre atteinte à l'indépendance, à la personnalité
d'aucune d'elles: son action serait tout autre et prendrait les formes
les plus diverses.

Veut-on savoir ce qu'elle serait en ce qui touche l'enfance? Il
peut être utile ici d'entrer dans quelques détails. Nulle part, je l'ai
fait observer, il n'existe de renseignements précis sur les orphelinats. Le Bureau central en relation continuelle avec tous ces établissements aurait toujours des dossiers complets, des tableaux indiquant les vacances. Les bienfaiteurs occupés, voulant placer un
enfant dont le sort les intéresse, n'auraient plus à perdre un temps
précieux, trop souvent en vain ; ils trouveraient à l'office central
non pas des bureaucrates, mais des hommes de cœur les guidant,
les éclairant, leur fournissant en quelques minutes les renseignements indispensables. Le Bureau recevrait en dépôt l'argent

recueilli, se chargerait en cas de nécessité de faire conduire à destination le pauvre orphelin. L'enfant placé, le Bureau servirait d'intermédiaire entre l'orphelinat, les bienfaiteurs et les familles. S'il s'agissait de versements annuels, promis par des personnes charitables, il offrirait son autorité morale pour faire rentrer l'argent. Quelle simplification !

Faut-il recourir à la bienfaisance officielle? le Bureau possède la collection des règlements, la pratique des affaires, il facilite les placements dans les hôpitaux, les hospices-asiles. Sur tous ces points, le Bureau vient en aide aux hommes d'œuvres si souvent absorbés, et bien plus encore aux gens du monde.

Mêmes ressources, en ce qui touche l'âge mûr et la vieillesse, pour les placements, les secours, qu'il soit question de pauvres honteux ou d'indigents ordinaires. Le Bureau central est au courant de tout se charge de réunir les pièces nécessaires, facilite les démarches, hâte les solutions.

Il rend possibles et efficaces les secours immédiats, débarrassés des points de vue égoïste du domicile de secours, permettant à des hommes et à des femmes du monde aimant l'infortune, mais ne faisant point partie d'associations religieuses, de venir apporter à l'indigent, avec l'aumône matérielle, l'aumône de leur affection et de leur dévouement.

Manuel vivant, le Bureau central économise le temps qui vaut de l'argent pour les riches et les travailleurs, et abrège les souffrances des malheureux qui attendent un soulagement.

Loin d'avoir pour but ou pour résultat de supprimer dans la charité l'effort personnel qui en est la meilleure part, (*Approbation*) il la stimulerait, en l'éclairant et en |la rendant plus rapide et plus sûre, il écarterait les exploiteurs, multiplierait les libéralités et les démarches charitables, en montrant les résultats obtenus.

J'ai dit que cette œuvre devait arriver à faire donner avec discernement, c'est-à-dire après une enquête qui permette de secourir le vrai pauvre et d'arracher le masque à celui qui est indigne d'intérêt.

Pour atteindre ce but, l'office central trouverait l'élément de contrôle indispensable dans une collection de dossiers, renfermant une notice sur tout individu dont il aurait eu à s'occuper, et indiquant les noms divers sous lesquels se cache parfois à tour de rôle la personnalité de ces individus.

On ferait sur une grande échelle ce qui a été tenté par l'homme bienfaisant que j'ai déjà cité et dont le nom est connu et respecté dans le commerce parisien, M. Mamoz. Et pourquoi, en consentant à faire partie de l'œuvre, ne lui apporterait-il pas le bénéfice de ses recherches, en même temps qu'il la ferait profiter de la longue et précieuse expérience qu'il a acquise dans son œuvre de l'assistance par le travail, si bien décrite par M. Maxime du Camp?

Que d'impostures ainsi déjouées, Messieurs! Que d'argent gaspillé en faveur d'êtres indignes, utilisé au profit de véritables malheureux!

Mais ce devrait être le grand effort de l'institution nouvelle d'écarter de Paris tout individu qui ne peut pas y trouver de moyens d'existence, de délivrer, d'assainir ainsi moralement la capitale. (*Vive approbation.*) Le dévouement avec son zèle et sa persévérance infatigable, avec ses mille industries, réussit là où l'administration et la police échouent. Tous les jours, nous nous trouvons en présence de quelque rapatriement qu'il serait utile de faire. Mais il faut s'adresser à des administrations dont l'action est lente, il faut dépenser du temps, faire des démarches, s'assurer que l'homme est bien parti. Un Bureau central rendrait tout facile. Selon les circonstances, il mettrait en mouvement les administrations ou agirait auprès des Compagnies de chemins de fer. Par ses soins l'individu serait conduit à la gare, et ses ruses, s'il en avait, seraient déjouées. L'office serait renseigné sur son arrivée, par des correspondants qu'il devrait avoir un peu partout : des hommes de dévouement auxquels il rendrai des services et qui lui en rendraient.

C'est ainsi que l'on arriverait peu à peu à rapatrier ces déclassés, ces ouvriers sans travail, échoués dans la capitale, en les secourant au cours de leur route par des stations hospitalières analogues à celles dont M. le pasteur Bodelschwing a contribué à couvrir l'Allemagne, (1) et qui ont été si bien décrites par M. Arthur Raffalovich. On parviendrait de même à diriger hors de Paris nombre de malheureux, de malades, de vieillards, pour lesquels il y aurait lieu d'utiliser les ressources hospitalières de la province, ainsi que le démontrait si bien notre éminent collègue M. Cheysson. Pourquoi, en effet, lorsqu'il s'agit de vieillards, d'incurables, ne pas recourir à l'asile, à l'hospice de province, où il y a si souvent des vacances, et où les prix s'abaissent dans une proportion si sensible? Le vieillard n'a besoin que d'un abri, avec de la nourriture, de l'air et du soleil. Pourquoi le retenir à Paris? (*Mouvement d'approbation.*)

Un des derniers rapports de M. Monod, directeur de l'Assistance au ministère de l'Intérieur, nous apprend que, en 1886, sur 39,248 lits d'hôpital, c'est-à-dire réservés aux malades, 15,700, soit 40 pour cent, sont restés vacants dans les hôpitaux et hospices de province. Et pendant ce temps, les hôpitaux des grandes villes sont encombrés! (*Exclamations.*)

(1) Voir note C. *Appendice.*

Que d'individus qui n'ont aucune raison d'être dans la capitale, il serait possible d'en éloigner à un moment donné, de renvoyer en province, dans un milieu où l'on offre du travail, grâce à des correspondants zélés, ou de diriger sur nos colonies ou ailleurs, en se chargeant de prendre toutes les mesures nécessaires d'embarquement et autres. Ce sont ces malheureux, ces déclassés, ces vagabonds, qui finissent par remplir nos prisons et qui constituent cette pépinière de récidivistes, dont l'audace et le nombre croissant ont fini par effrayer l'opinion publique. On s'est flatté d'y remédier, en reléguant à grands frais le récidiviste dans nos colonies. Mais à quoi bon de telles mesures, dont l'efficacité est douteuse, et qui pèsent si lourdement sur les contribuables, si nous entretenons nous-mêmes, au sein même de la capitale, une fabrique de récidivistes? (*Mouvement*). Or, cette fabrique, elle existe, elle fonctionne tous les jours, et je la signale publiquement à votre attention.

Et si quelqu'un doute de mes affirmations, qu'il aille assister aux séances du petit parquet. Chacun sait que l'on désigne sous ce nom une juridiction rapide exercée par des magistrats chargés d'interroger d'urgence les nombreuses personnes mises à l'état d'arrestation chaque nuit dans Paris, et de statuer sommairement sur leur sort. On arrête en moyenne 150 personnes par jour. Il m'est arrivé maintes fois, grâce à la bienveillance des juges, d'assister à ces interrogatoires. Quel sujet d'étude pour le moraliste, le philosophe, l'homme politique, que le spectacle de ce long défilé de visages humains, où tant de misères, tant de vices se reflètent.

Le plus souvent, un individu arrêté pour vagabondage, qui a passé la nuit sous un pont, sur un banc, n'ayant pas d'ailleurs de mauvais antécédents judiciaires, est remis en liberté. Quelquefois, il est trois heures, ou quatre de l'après-midi. Un jour c'était un jeune garçon arrivé depuis peu à Paris, qui avait cru que l'ouvrage abondait dans la capitale, qui n'en avait pas trouvé, avait dépensé son petit pécule, et s'était vu sans le sou en poche, ne connaissant personne, ne sachant plus que faire après s'être vainement adressé aux bureaux de bienfaisance, où on lui objectait qu'il n'était pas inscrit et ne pouvait l'être, à la préfecture de police où on lui disait qu'il n'existait pas de crédit pour donner des secours. Quand ce jeune homme fut remis en liberté, je me permis de dire au juge : « Vous voulez donc forcer ce garçon à faire quelque mauvais coup, ce soir, pour manger et pour se coucher. Vous savez qu'il n'a rien en poche, et vous le mettez dans la rue à une heure où vous êtes certain qu'il ne trouvera de travail nulle part. Ce qui peut lui arriver de moins fâcheux, c'est d'être ramené devant vous demain pour vagabondage et peut-être encore après-demain. Alors, vous le renverrez en police correctionnelle. Il sera condamné à quinze jours de prison : il aura un casier judiciaire qui le poursuivra toute sa vie. Ce sera un repris de justice, et on le mettra à la porte de. ateliers où il sera employé, dès qu'on le saura. Ce sera un récidiviste, car repoussé de tous côtés, il n'aura plus de carrière à embrasser que celle de malfaiteur. — Tout cela est malheureusement très vrai, me répondait le juge, mais à qui adresser ces malheureux dont le sort me touche profondément. En dehors de l'œuvre des Prévenus acquittés. dont les ressources sont bien restreintes, je ne connais point d'institution dans Paris pour leur venir en aide. Je ne possède aucun crédit dans ce but. Je ne puis les expédier hors de la capitale. »

Voilà, Messieurs, ce qui se renouvelle tous les jours. Je dois dire que l'œuvre des Prévenus acquittés a été fondée anciennement par MM. Casenave, Demetz et par un homme dont le nom se retrouve alors comme aujourd'hui partout où il y a une œuvre généreuse à établir, par M. Picot, le père de notre honoré vice-président (applaudissements). Mais comme l'œuvre de l'hospitalité fondée depuis peu de temps, elle ne peut apporter à cette situation qu'un remède tout à fait insuffisant.

Revenant à l'exemple que je viens de citer, j'ajoute que j'ai connu des gens condamnés ainsi en police correctionnelle avec les meilleurs renseignements à leur dossier.

Des condamnations qui pourraient être évitées se multiplient ; le nombre des casiers judiciaires s'accroît, la prison, qui fait l'éducation des novices, achève trop souvent de corrompre les pervers ; et je le répète, l'État fabrique lui-même des repris de justice. Et quand il les a fabriqués, il demande de l'argent aux contribuables pour les amender, si c'est possible, ou pour les mettre hors d'état de nuire et nous en débarrasser, en les envoyant au loin. C'est comme si vous meniez une armée dans un pays pestilentiel, et que vous disiez ensuite au médecin : guérissez ces malades. (*Applaudissements.*)

On peut juger par une curieuse monographie, mise très remarquablement en lumière par M. Alexis Delaire, monographie d'une famille de malfaiteurs américains, the Jukes, véritable dynastie de voleurs qui s'est perpétuée pendant plusieurs générations, ce que coûtent en définitive aux contribuables de telles lacunes dans les mesures qui doivent prévenir le mal, le guérir à sa source.

Il y a un dernier point de vue sous lequel je voudrais faire envisager, Messieurs, la création de cette œuvre libre et centrale d'assistance destinée à mettre en action toutes les ressources de la générosité publique, et aussi de la prévoyance sociale.

Je l'ai dit au cours de ces pages, et on l'a répété souvent, la véritable assistance est celle qui met celui qui la reçoit à même de s'en passer. L'aumône est un palliatif, et quelquefois même il arrive que la profusion des secours engendre les pauvres. C'est à la racine du mal qu'il faut aller. Les Américains, les Anglais l'ont parfaitement compris. Ils ont compris qu'une bonne organisation de la charité ne doit pas seulement empêcher le pauvre de tomber dans la catégorie des prolétaires, ceux-ci dans la catégorie des mendiants, et les mendiants dans la catégorie des criminels; mais qu'elle doit provoquer et obtenir un mouvement ascensionnel, c'est-à-dire combattre le paupérisme à sa source, dans ses causes. (*Approbation.*)

Les grandes sociétés charitables américaines s'occupent de la vulgarisation des institutions de prévoyance de toute nature, en même temps que de la bonne répartition des aumônes. Ce sont des foyers de propagande pour toutes les améliorations qui peuvent être apportées dans la condition des travailleurs et des pauvres.

Or, quelles sont les causes qui exposent au dénuement un individu qui cherche à vivre de ses mains? L'incapacité temporaire ou permanente de travail, déterminée par la maladie, par un accident, la perte d'un membre, une infirmité, par la vieillesse enfin. Comment le mettre à l'abri de ces éventualités? En lui faisant contracter une prime d'assurance.

Il y a deux grands obstacles à la vulgarisation de l'assurance dans les classes laborieuses, c'est-à-dire là où on en aurait le plus besoin, et ni l'Etat, ni les entreprises commerciales, ne viendront jamais à bout de ces obstacles, ou tout au moins de l'un d'eux. Ce sont : 1° Le chiffre élevé de la prime pour des gens qui vivent de leur salaire; 2° la difficulté de la perception alors qu'il s'agit d'individus peu prévoyants de leur nature et qui se déplacent selon les vicissitudes de leurs professions.

Il faut, pour résoudre ce problème, l'intervention d'un autre élément; il faut l'action du libre dévouement qui ne compte ni sa peine, ni son temps, ni ses deniers, il faut la puissance de l'apostolat, soit pour contribuer à parfaire le versement de la prime, soit pour en assurer la perception. Jamais, encore une fois, ni l'Etat, ni l'industrie privée, ne triompheront de la double difficulté que je signale.

Pourquoi tant d'associations charitables qui disposent de ressources considérables, pourquoi ces syndicats agricoles ou autres, que la loi nouvelle permet d'établir, ne constitueraient-ils pas un fonds spécial destiné à parfaire les primes d'un certain nombre de leurs membres qui s'assureraient, et n'organiseraient-ils pas l'encaissement des primes? Les riches ne pourraient-ils pas faire par contribution volontaire ce qu'ailleurs on demande sous forme d'impôt, et une partie du pays permettre à l'autre de s'assurer et de se mettre ainsi à l'abri de la misère ?

Suis-je dans l'illusion quand j'estime que pour une somme de 60 à 70 francs, dont une partie pourrait être payée par l'association, on ferait assurer un individu de 25 à 30 ans contre toutes les éventualités qui peuvent l'atteindre, accident de tout genre, en lui assurant en outre une pension viagère de 300 francs à l'âge de 55 ans, avec reversibilité d'une partie de cette pension sur sa veuve et ses enfants en cas de mort ?

Si ces avantages étaient certains, ne pourrait-on pas déterminer les associations à entrer dans la voie que j'indique, en créer partout de nouvelles, les tourner vers les institutions d'épargne et d'assurance ? Et ne serait-ce pas faciliter singulièrement le succès de cette entreprise que de fournir à ces associations locales, inexpérimentées, justement méfiantes, éloignées de la capitale, un intermédiaire entre elles et les compagnies d'assurances ; un office central, qui simplifierait absolument leur tâche, leur servirait de guide, de conseiller, de représentant ? (1)

Je me borne, Messieurs, à ouvrir devant vous ces horizons. Si la tâche est trop vaste et trop ambitieuse pour l'office central de la charité dont je souhaite la création, rien n'empêcherait d'établir un office spécial de la prévoyance. Dans tous les cas, il me semble que ce vœu, si ce ne doit être qu'un vœu, mérite d'appeler vos réflexions, et vous ne trouverez pas, je l'espère, que ce soit là une digression qui prolonge inutilement cette étude. Ces considérations, au contraire, servent puissamment, à mes yeux, à en justifier la conclusion.

En résumé, soit que l'on veuille assurer une meilleure répartition des secours à Paris, les rendre vraiment efficaces, délivrer la capitale d'une foule d'individus qui ne peuvent, en y demeurant, que se nuire à eux-mêmes et menacer la sécurité publique ; soit que l'on veuille se rendre un compte exact des progrès du paupérisme, discerner les moyens de le combattre dans ses causes et propager l'usage de ces moyens, une organisation nouvelle de la charité, sous la forme d'une œuvre libre et centrale, est nécessaire. (*Approbation.*)

La difficulté de se procurer des ressources ne saurait être une objection à un projet de ce genre. Le budget de l'œuvre consisterait uniquement dans des frais d'administration susceptibles d'être limités, et que la générosité publique fournirait volontiers, une fois que le but serait connu. Ce qu'il faudrait, c'est le concours de quelques hommes de cœur ; un conseil où seraient représentées toutes

(1) Voir note D. *Appendice.*

les grandes œuvres charitables de la capitale et au-dessous de
ce conseil un petit nombre d'hommes d'action, initiés dès longtemps à la charité, recevant des honoraires et présentant toutes garanties. Ainsi outillé pour lutter contre la misère, ayant
tout mis en œuvre pour secourir efficacement les malheureux, on pourrait recourir à une répression plus sévère in-
fligée aux vagabonds incorrigibles, lesquels sont une menace permanente pour la paix publique. Les pays voisins nous en donnent l'exemple; la Suisse notamment, qui procède par mesure
administrative et moyennant une procédure sommaire, offrant
néanmoins toute garantie, à l'internement des individus adonnés à
l'oisiveté, au vagabondage. Des maisons de travail bien organisées,
où les internés se livrent à des travaux agricoles en rapport avec
leurs forces et leurs aptitudes, complètent ces mesures. N'avons-
nous pas assez de terres en friche ou jachère en France, assez de
travaux à exécuter en Algérie pour occuper les bras valides?

Je n'insisterai pas davantage, Messieurs, sur cet ordre d'idées.
J'ai à m'excuser d'avoir déjà retenu bien longtemps votre attention. (*Non, non.*) J'abrégerai les quelques considérations que j'ai
à cœur de vous soumettre en finissant.

Comme vous le voyez, vous n'avez pas été conviés ce soir, Mesdames, Messieurs, uniquement pour entendre exposer des théories
sur l'assistance publique, mais pour aboutir à une action commune.
Vous avez été conviés dans l'espérance que vous sortiriez de cette réunion animés de la double conviction qu'une grande œuvre nouvelle
et essentiellement pratique, est indispensable, et que vous lui devez
votre concours. Puissé-je avoir démontré l'opportunité, la nécessité
de cette œuvre !

Il me semble qu'il suffit de soulever un coin du voile qui dissi-
mule nos plaies sociales et de se mettre, ne fût-ce qu'un instant, en
face de la réalité, en écartant les apparences brillantes de la civili-
sation, pour être épouvanté du petit nombre de ceux qui jouissent
des biens, de la vie et de la multitude de ceux qui en sont privés,
soit qu'ils souffrent en silence, soit qu'ils murmurent et se révol-
tent. Dans ce grand Paris, sur cette population de deux millions d'habitants, comptez combien sont ceux que n'assiège pas le
poignant souci du lendemain, sinon les angoisses de l'heure présente !

Et ce qui épouvante et attriste autant que la misère, c'est le spectacle des haines qui y sont associées et qui mettent aux prises une
partie de la société avec l'autre. On constate alors bien vite que la
question qui s'agite autour de nous est bien autre chose qu'une
question de personnes, qu'une question de formes politiques, qu'elle

est autrement haute et profonde. (*Mouvement d'approbation.*) On constate que ce qui fait trembler le sol sous nos pas, c'est le choc violent de l'opulence et de la pauvreté, la lutte de ceux qui n'ont rien et de ceux qui ont trop. Deux armées sont en présence, prêtes à en venir aux mains: dans l'une, la fortune, la naissance, l'instruction élevée, les hautes situations sociales; dans l'autre, tout ce qui vit au jour le jour, du travail de ses mains, tous les malheureux qui n'ont pas de quoi vivre.

Sansdoute cette lutte est ancienne. Mais elle est particulièrement grave à l'heure où nous sommes, dans un pays où les liens sociaux sont rompus, où les points d'appui naturels font défaut, en face de ces masses ouvrières qu'agite un continuel malaise et qui sont nourries d'utopies malsaines devenues le fond de leur esprit et le fléau de leur condition. (*Vive approbation.*)

C'était déjà un grand malheur que la classe des travailleurs en fût arrivée à considérer que ses intérêts étaient distincts de ceux des autres classes. Aujourd'hui elle les considère comme diamétralement opposés. Non seulement elle ne compte plus sur nous pour améliorer sa condition, mais elle nous regarde comme y faisant obstacle et n'a plus d'autre programme que le programme de la destruction.

Quel peut être l'avenir d'une société ainsi divisée, dont une fraction, qui est le nombre, et qui, avec le droit de suffrage, a la toute-puissance politique, ne voit de salut pour elle que dans l'anéantissement de l'autre fraction? Combien de temps verra-t-on subsister un corps social dont les membres entendent détruire la tête? Il serait insensé de prétendre donner une solution définitive à aucun des problèmes que nous pose l'avenir de notre pays, tant que l'on n'aura pas remédié à celui-là. Tout semble vain auprès de ce formidable péril. (*Applaudissements.*)

Quel est le moyen de le conjurer? Il n'y en a qu'un seul. Il faut reconquérir la confiance du peuple qui s'est éloignée, et on ne peut la reconquérir que par des actes.

Ce n'est pas sans motif que cette confiance n'existe plus. Il y a des explications, sinon des excuses, à cette hostilité toujours grandissante dont nous sommes les témoins.

De quelle immense piperie le peuple n'est-il pas depuis trop longtemps l'objet? Que de promesses menteuses sans cesse renouvelées! Chaque parti lui en a fait, chaque candidat l'en a ébloui. Chaque révolution s'est accomplie, en affirmant qu'elle transformerait la condition des travailleurs, le sort des pauvres, des malheureux. Une cruelle expérience a appris au peuple que ceux qui affectent le plus de penser à lui ne pensent qu'à eux-mêmes. Il assiste à nos misérables querelles et il s'aperçoit du peu de place qu'il tient dans ce conflit de calculs égoïstes et d'ambitions effrénées. Aujourd'hui même où le triomphe de sa cause semble assuré par l'avènement de la démocratie au pouvoir, quelle déception nouvelle pour lui !

En présence d'un budget de quatre milliards, de l'augmentation constante et écrasante des charges publiques, la première pensée qui vient à l'esprit est que cette situation financière résulte d'entraînements généreux, peut-être chimériques, ayant en vue la réalisation d'un vaste programme démocratique inspiré par le sentiment de la solidarité humaine. On doit se dire et on se dit que si des centaines de millions ont été [dépensés, risqués, c'était pour faciliter les assurances à bon marché, améliorer les logements des ouvriers et en créer d'économiques et de salubres, habituer les travailleurs aux entreprises coopératives, multiplier les banques populaires, les sociétés de secours mutuels, provoquer, organiser la fondation des caisses de retraite, en faveur des ouvriers. (*Vive adhésion.*)

Il n'en est rien ! Si l'initiative privée ne s'était pas chargée d'accomplir certains points de ce programme, tout serait à faire ! Vous avez dans le souvenir, Messieurs, le nom des hommes de cœur qui ont réellement obéi à l'idée démocratique et poursuivi la réalisation de ces réformes populaires. Je n'aurais point à chercher beaucoup autour de moi pour en pouvoir citer ici même plus d'un.

Si le peuple savait encore discerner ses vrais amis, il les trouverait sans peine. Il ne saura les reconnaître désormais que moyennant un effort constant et désintéressé de notre part, si nous lui prouvons — et il faudra du temps et de la patience pour rendre la démonstration convaincante — que c'est son bien que nous cherchons et non pas notre intérêt ; il ne les reconnaîtra que si un certain nombre d'entre nous se consacrent avec une entière et sincère abnégation à servir sa cause, sans lui rien demander en retour.

A dire le vrai, l'oubli de soi a seul le secret d'apaiser les haines sociales (*Applaudissements*) comme seul il fait naître les œuvres grandes et durables. L'oubli du soi, qu'est-ce en effet? C'est l'égoïsme vaincu, c'est le dévouement, c'est l'amour du prochain et il n'y a que lui qui puisse susciter, entre ces deux armées qui se menacent et dont je parlais tout à l'heure, ces médiateurs qu'Ozanam appelait déjà de ses vœux et qui seront les véritables pacificateurs des âmes.

Car, Messieurs, ne l'oublions pas, comme l'a dit excellemment M. Jules Simon, le mal dont nous souffrons est surtout un mal moral ; ce sont les âmes qu'il faut guérir.

A coup sûr, il ne dépend pas de nous, ni d'aucune combinaison encore inconnue, de refaire un monde sans douleur.

Ce n'est pas la faute de la société si l'homme souffre ; telle est la condition humaine, mais c'est la faute de la société, on l'a fait observer avec raison, si ces souffrances ne diminuent pas ; et sa responsabilité est d'autant plus lourde, que ses exemples, ses influences corruptrices, son mépris de la loi divine, multiplient et développent les causes du paupérisme. (*Vive approbation.*)

Vous objecterez, Messieurs, que la tâche à remplir est bien vaste, que l'on se sent bien impuissant, que chacun de nous a une sphère d'action bien restreinte, que l'on est la goutte d'eau. Oui, cela est vrai, et cependant interrogez l'histoire de la charité et voyez ce qu'a su faire parfois le dévouement d'un seul, celui-là fût-il le plus humble, le plus petit.

Vous dites que vous n'êtes qu'une goutte d'eau ? Je vous réponds, avec Lacordaire, que la goutte d'eau, lorsqu'elle a abordé à la mer, n'en a pas moins formé le fleuve et que le fleuve ne meurt pas. (*Applaudissements.*)

Est-ce qu'il faut tant d'efforts, d'ailleurs, pour créer cette œuvre dont je viens de vous entretenir, Messieurs, cette œuvre qui s'impose quand on examine l'état de l'organisation de la charité à Paris, ses lacunes, ses vices ? Mais non, un peu de bonne volonté, et elle est fondée. Et chacun ne doit-il pas être pressé d'y concourir par quelque considération qui lui est propre, à laquelle il obéit : l'homme de foi, le chrétien, pour qui la personne du pauvre est sacrée ; l'homme de cœur, qui ne peut goûter paisiblement les joies dont il a le privilège sans faire une part à l'infortune ; le riche, l'homme de plaisir, le politique, qui ont le souci de la sécurité sociale et s'inspirent de la loi de l'intérêt bien entendu.

Au fond, la religion, l'humanité, la politique ne sont que les formes diverses d'un même art, — qui est toute la destinée de l'homme ici-bas, l'art de faire le bien.

Il excellait à l'exercer, celui dont j'emprunte ici les paroles : Augustin Cochin, comme il excellait à en parler, et il nous laisse un mémorable et efficace exemple ! (*Applaudissements.*)

Unissons-nous donc, Messieurs, pour pratiquer ce grand art de faire le bien.

Ne nous déchargeons pas sur l'État du soin de remplir nos devoirs sociaux. Divisés sur tant de points, réservons, pour nous y rencontrer, ce domaine d'où toute politique doit être bannie. Cessons de donner le pas, sur ces questions vitales, à nos stériles agitations, à ces luttes d'intérêt personnel où nous nous épuisons. Cessons enfin de justifier la saisissante image qui nous compare à ces passagers insensés, uniquement occupés, au cours d'une traversée orageuse, à se disputer ou à s'étourdir follement, tandis qu'ils oublient de fermer les voies d'eau par où l'existence même du navire est menacée! (*Applaudissements prolongés.*)

M. GEORGES PICOT. — Mesdames et Messieurs, C'est un besoin pour moi d'exprimer mes sentiments à l'orateur éloquent que vous venez d'entendre. C'est un devoir que je suis heureux d'accomplir au nom de la Société d'Économie sociale.

Si l'éloquence appelle les louanges, les idées méritent un autre hommage bien plus précieux, l'examen et la discussion.

Dans cette proposition qui nous a tous séduits, qui a mérité vos justes applaudissements, il y a un principe qui doit recevoir ici, dès ce soir, notre pleine adhésion et des détails que nous nous réservons d'examiner. Mon confrère et ami, M. Lefébure, a parlé de cette action un peu confuse de toutes les œuvres. Oui, elles semblent à première vue se heurter et se confondre. Mais combien elles sont belles, combien elles sont actives, ces œuvres de Paris nées depuis trente ou quarante ans! Qu'elles s'adressent à l'enfance ou à la jeunesse, à l'âge mûr ou au déclin de la vie, elles se sont développées spontanément, comblant des lacunes, devinant des besoins, allant au-devant des misères cachées de l'âme et du corps. Crèches pour les enfants, hospitalité de nuit pour les adultes, visites à domicile des ménages pauvres, toutes les formes nouvelles de la charité sont nées dans ces agglomérations prodigieuses d'êtres humains qui, dans nos villes modernes, ont fait surgir des besoins et posé des problèmes que nos pères ne soupçonnaient pas.

Au milieu de cette foule d'œuvres, comment éviter les doubles emplois? le Bureau central y pourvoira. Quel bienfait! Messieurs, si cette création sert de fil conducteur, si elle ne prétend pas régenter ou dominer, si elle laisse à chaque fondation sa vie propre, son indépendance entière! si elle se borne à mettre en rapport le bienfaiteur qui cherche et l'œuvre qui agit! Qui de nous ne se souvient de l'effet produit, il y a quelque dix ans, lorsque parut, sous l'inspiration de M. de Melun, le premier *Manuel des œuvres?* C'était la clef de la charité à Paris. Quel est celui qu'anime la passion du bien qui ne recoure sans cesse aux éditions successives de cet admirable petit livre? N'est-ce point un pas de plus dans la même voie que tente d'accomplir aujourd'hui M. Lefébure? Il veut, suivant son heureuse expression, créer un *Manuel vivant*, toujours prêt, toujours ouvert, facile à interroger, disposé à résoudre tous les problèmes de la charité.

Sur un seul des points touchés par notre ami dans sa belle conférence, j'hésiterais peut-être à le suivre. L'assurance m'inquiète. Je me sens plus attiré vers l'épargne et la mutualité. Comment croire que l'ouvrier, presque le pauvre aura le courage de prélever sur son salaire une somme régulière, sans qu'il lui soit permis de la retirer à son gré,comme la caisse d'épargne l'y autorise, ou sans cet attrait de l'association, qui sous la forme des secours mutuels l'excite et l'engage? Ces objections m'arrêtent, et, malgré les différences entre ce qui est proposé et ce que je redoute, j'entrevois derrière ces assurances ouvrières l'une de ces organisations conçues avec les meilleurs intentions sur un plan modeste et aboutissant à la plus funeste intervention du pouvoir central.

Revenons, Messieurs, au bureau central des œuvres, à ce lien nouveau qui est l'idée maîtresse du beau discours que vous venez d'entendre. Ici, il n'est pas question de l'État. Nous sommes dans le vrai domaine de la charité, c'est-à-dire en présence de l'initiative privée ; plus l'avenir s'assombrit, plus se prépare cette lutte sourde qui nous menace et dont se déroulaient à l'instant devant vous les effrayantes perspectives, et plus il faut demeurer fidèles aux principes. La charité telle que nous l'enseigne l'Évangile, telle que les chrétiens doivent la pratiquer, est d'essence individuelle ; elle veut le contact entre le pauvre qui souffre et le cœur qui se donne. Si l'individu est impuissant à accomplir le bien, il doit demander à l'association de décupler ses forces, à l'association qui est le levier universel des démocraties et que l'État a le devoir de laisser libre de se constituer tant qu'elle ne trouble pas l'ordre public. L'individu, l'association peuvent accomplir sous toutes ses formes la mission sociale de la charité. Si, par malheur, leur impuissance sur quelques points était constatée, ce serait alors à la puissance publique à combler la lacune ; dans ce cas, mais dans ce cas seulement, l'État aurait le droit d'agir et son intervention deviendrait légitime.

Voilà les principes qu'a toujours professés la Société d'économie sociale. L'éloquent orateur que vous avez applaudi les a compris; sa pensée mérite d'être adoptée par vous, de porter ses fruits dans un prochain avenir, et, en sortant de cette salle, vous devrez comme nous, emporter ce soir à l'égard de ce vaillant homme de bien, les sentiments de la plus vive et de la plus profonde reconnaissance. (*Applaudissements.*)

M. le marquis DE VOGÜÉ. — Je me garderai bien, Messieurs, d'atténuer par des commentaires l'effet des discours que vous venez d'entendre ; je partage votre émotion et je ne doute pas qu'un grand nombre d'entre vous ne sorte de cette réunion, comme j'en sors moi-même, définitivement enrôlé dans une phalange qui compte des chefs aussi vaillants, aussi dévoués et aussi éloquents.

La séance est levée à 10 h. 1/2.

NOTE COMPLÉMENTAIRE

SUR LA

GÉNÉRALISATION DU CONTRAT D'ASSURANCE DANS LES CLASSES LABORIEUSES

Il est difficile d'aborder d'une façon sommaire, comme j'ai dû le faire dans la séance du 11 mars, cette grande et délicate question des assurances ouvrières, sans s'exposer à des malentendus.

Quelques explications sont nécessaires et suffiront sans doute pour mettre dans tout son jour l'idée qui a été signalée à l'attention de la *Société d'Économie sociale* et pour démontrer que son application pratique n'est de nature à justifier aucune prévention.

Que le problème à résoudre soit d'une importance capitale, qu'il doive tenir le premier rang dans les préoccupations publiques, qu'il faille tourner de ce côté tous les efforts, c'est à quoi nul ne contredit.

Nous sommes en présence de 23 millions de prolétaires qui vivent au jour le jour, forcés de se procurer des moyens d'existence, de veiller à leur durée, de compter avec les mauvaises chances qui peuvent les leur faire perdre, incapables de subvenir à leurs besoins les plus urgents, dès que se présente une insuffisance de travaux, un chômage, la maladie, la vieillesse. Énoncer un pareil chiffre, c'est assez dire que le péril est immense. Toutes les ressources de la charité réunies seraient impuissantes à y remédier, et, d'autre part, les considérations les plus élémentaires de justice et de sécurité sociale font un devoir pressant de chercher à le conjurer.

L'ouvrier valide fait vivre la société; la plus vulgaire équité commande à la société de lui venir en aide, quand il est invalide ou accablé par l'âge.

Cependant ce concours de la société sera toujours vain et quelquefois dangereux, s'il n'est pas accompagné d'un effort de l'ouvrier pour s'aider lui-même. Il faut à la fois inspirer au prolétaire des habitudes de prévoyance, l'amener à épargner et lui donner la possibilité, moyennant ces habitudes, de sortir de sa condition précaire. Mais comment amènera-t-on à épargner l'homme qui vit de son salaire, comment le déterminer à abandonner une partie de ce salaire, en vue d'un avenir éloigné, alors qu'il gagne à peine le nécessaire? Et ensuite, en vint-il à épargner, comment se constituera-t-il, avec ses minces économies un capital suffisant pour parer aux éventualités qui le menacent et dont le revenu sera assez important pour le faire vivre dans sa vieillesse ou s'il devient invalide? Il faut lui demander peu et arriver pourtant à lui rendre assez pour garantir son existence, à un moment donné.

Seul le contrat d'assurance avec ses combinaisons multiples, (assurance sur la vie, rente viagère, etc.) paraît être en mesure de concilier cette double et inéluctable exigence.

Pourquoi dès lors s'est-il si peu généralisé dans les classes laborieuses ?

J'ai déjà indiqué quelques-unes des causes qui expliquent ce fait. Il y en a plus d'une : le chiffre élevé de la prime eu égard aux ressources dont dispose le prolétaire, la difficulté et les frais de perception, l'absence de formes de contrat s'adaptant aux conditions de l'existence de l'ouvrier et à son tempérament particulier, la fixité des échéances, l'ignorance des bienfaits de l'assurance, l'insuffisance des moyens employés pour la propager, pour la rendre accessible, pour stimuler l'initiative individuelle.

Parmi ces difficultés, il en est qui sont de telle nature que ni l'État ni les compagnies privées ne sont parvenus et ne parviendront à les vaincre. Il est certain que les primes des petits contrats exigent de la part des agents chargés de leur recouvrement des démarches réitérées qui perdent leur temps et leur coûtent de l'argent.

De là l'éloignement en quelque sorte systématique que les compagnies d'assurances professent à l'endroit des classes laborieuses. Ces compagnies ne sont pas organisées pour les petites bourses. Elles ne peuvent pas assumer des charges qui seraient hors de toute proportion avec le bénéfice à retirer. Ces charges, l'État ne peut pas les accepter non plus parce qu'il lui serait impossible d'en mesurer la portée.

On sait à quelles difficultés s'est heurté le gouvernement allemand, dans l'élaboration de sa loi sur les pensions de retraite. Il aboutira à des résultats illusoires. En Angleterre, l'État n'a rien pu faire de sérieux ; aussi a-t-il laissé agir l'initiative privée, en la soutenant, en l'encourageant.

C'est le seul pays où l'assurance ouvrière ait pris racine, une compagnie privée la *Prudential Assurance* y a obtenu un véritable succès. Elle a couvert le pays d'un réseau serré d'agents et reste en communication constante avec les ouvriers. Ses primes sont hebdomadaires, ses assurés se comptent par milliers.

Il est facile de se rendre compte, en France, des résultats obtenus par la *Caisse nationale de la vieillesse* établie depuis un certain nombre d'années.

On sait ce qu'elle a coûté et des documents officiels ont établi que ce n'étaient même pas ceux qui en avaient besoin et pour lesquels elle avait été instituée qui ont surtout eu recours à elle.

Il y a lieu de remarquer que si une compagnie a pu réussir en Angleterre et provoquer la diffusion des contrats d'assurance parmi les ouvriers, cela tient à ce que cette compagnie a tout fait pour adapter ses contrats et ses moyens d'action à la catégorie d'assurés qu'elle visait et cela tient, avant tout, à ce qu'elle s'adressait à une population où l'esprit d'initiative, où la prévoyance et la régularité des habitudes existent à un degré inconnu dans notre pays.

On peut dire d'une manière générale et plus particulièrement en visant la France que le problème ne peut être résolu que si l'on fait intervenir dans sa solution un élément libre, le concours de l'initiative privée, le dévouement qu'inspire l'intérêt religieux, social, humanitaire, lequel ne regarde ni à son temps ni à sa peine. Or, cet élément il le faut chercher dans l'association tirant parti du concours des compagnies d'assurances existantes et voyant sa tâche encouragée et facilitée par l'État.

Ce devrait être le principal objectif de toutes les associations qui, sous une forme ou sous une autre, ont en vue l'amélioration de la condition des travailleurs, la sauvegarde des intérêts professionnels, que d'organiser des pensions de retraite et d'assurer leurs membres contre les suites des accidents qui les mettent hors d'état de gagner leur vie.

La loi de 1884 donne en France aux syndicats professionnels l'existence légale et les autorise, par une disposition expresse, à constituer des caisses spéciales de secours et de retraite. Elles ont donc entre les mains l'instrument nécessaire. Dans la plupart des associations, on le sait, il y a deux catégories de membres : ceux qui ont une certaine aisance, du superflu, ceux qui n'ont que le strict nécessaire et vivent de leur salaire quotidien.

Or voici comment pourrait s'exercer ici le rôle de l'association :

1º Déterminer par ses conseils et ses efforts persévérants la catégorie de ses membres dont je viens de parler, en dernier lieu, à contracter un double contrat d'assurance leur garantissant, d'une part, une pension de retraite ou un capital à un âge déterminé, et, d'autre part, une indemnité fixe ou une pension viagère, en cas d'accident entraînant une incapacité de travail temporaire ou permanente.

2° Débattre avec les compagnies d'assurances les conditions de ce contrat, se charger de percevoir et d'encaisser les primes et d'en verser le montant; soit que certains membres de l'association prennent sur eux de recueillir la prime, au jour le jour, par petites sommes, au moment de la paye notamment, soit qu'un ou plusieurs agents collecteurs, en relations constantes avec les assurés, soient investis de cette mission.

3° Prendre à sa charge une partie à déterminer de la prime, de façon à en réduire le chiffre et à la mettre le plus possible en rapport avec le prélèvement que le budget de l'ouvrier peut s'imposer.

Cette allocation serait fournie sous la forme, non d'une charité, mais d'une prime à l'épargne, moyennant la formation d'un fonds spécial, alimenté par les cotisations des membres aisés de l'association, par des dons, des legs, des subventions de toute origine.

L'association encaissant elle-même les primes, agissant dans une sphère limitée, en relations directes, suivies avec ses membres assurés, résoud toutes les difficultés de la perception, comme celles qui résultent de la fixité des échéances. Elle peut suppléer à un léger retard de la part de l'assuré, qui n'est plus exposé, dès lors, à voir une interruption imprévue et forcée dans ses versements, fût-elle de quelques jours seulement, entraîner sa déchéance et la perte de ses versements antérieurs.

Le chiffre de l'allocation serait à fixer selon les milieux, les professions, les ressources de l'assuré et de l'association.

Le fonds commun constituerait avec le temps un patrimoine collectif qui remédierait, dans la mesure du possible, au prolétariat.

J'ai supposé, dans la conférence du 11 mars, une Compagnie assurant à un seul contractant, moyennant le versement de 52 francs par an, payés trimestriellement, (soit 1 franc par semaine,) une rente viagère de 405 francs, à l'âge de 55 ans, si l'assuré a commencé à l'âge de 20 ans, de 300 francs, s'il a commencé à 25 ans; ou bien un capital de 5,000 francs ou de 3,700 francs, dans ces mêmes conditions de durée de contrat.

J'ai supposé en outre une autre Compagnie garantissant à un assuré, moyennant le versement d'une somme de 10 francs par an, une indemnité variant de 600 francs à 1,200 francs ou une rente viagère de 300 francs ou une allocation quotidienne de 2 francs, selon les circonstances, en cas d'accident ayant entraîné, soit la la mort, soit l'incapacité de travail temporaire ou permanente.

Or, ce o .e j'ai présenté sous la forme d'une hypothèse est une réalité. Deux compagnies qui ont rang parmi les plus importantes de la capitale (1), déclarent qu'elles offriraient, dès à présent, ces

(1) *Le Phénix* (vie) et *la Sécurité-Soleil* (accidents). Les combinaisons qui peuvent être réalisées avec la Compagnie le Phénix sont les suivantes :

PREMIÈRE COMBINAISON. — En effectuant un versement de 52 francs par an, payés trimestriellement, on assurerait à un seul contractant une rente viagère différée semestrielle aux âges et aux époques fixés ci-après :

```
à 20 ans.  Différée de 35 ans 405 fr. ..      Différée de 40 ans 641 fr. 70
   25 —         —        30 — 296 » 80            —         35 — 477 » 30
   30 —         —        25 -- 212 » ..           —         30 — 348 » 90
   33 —         —        20 — 146 » ..            —         23 — 248 » 80
```

DEUXIÈME COMBINAISON. — Si, au lieu d'une rente, l'assuré préférait toucher un capital, voici qu'elle en serait l'importance d'après la durée du contrat :

```
à 20 ans.  Différée de 35 ans 5,108 fr.       Différée de 40 ans 7,094 fr.
   25 —         —        30 — 3,756 »             —         35 — 5,266 »
   30 —         —        25 — 2,674 »             —         30 — 3,870 »
   35 —         —        20 — 1,844 »             —         23 — 2,761 »
```

Il est à remarquer que dans le cas où l'assuré viendrait à mourir avant le terme du contrat, le capital ne serait pas dû par la Compagnie.

TROISIÈME COMBINAISON. — Si la prime annuelle dont il s'agit était appliquée à une assurance mixte terme fixé, sans participation, le capital assuré s'élèvrait d'après la durée du contrat, aux chiffres suivants :

```
âge 20 ans.  Durée 35 ans 3,233 fr.           Durée 40 ans 4,086 fr.
 — 25 —        — 30 — 2,478 »                   — 35 — 3,153 »
 — 30 —        — 25 — 1,861 »                   — 30 — 2,421 »
 — 33 —        — 20 — 1,335 »                   — 25 — 1.818 »
```

Dans cette combinaison, le capital est dû au terme fixé, en cas de vie, comme en cas de mort de l'assuré ; toutefois, les primes cessent d'être dues à partir du décès, s'il survient pendant le cours de l'assurance.

QUATRIÈME COMBINAISON. — Moyennant un versement de 52 francs par an, payable trimestriellement, on assurerait une rente viagère différée semestrielle sur deux têtes si le mari est vivant au terme fixé par le contrat; cette rente serait reversible pour moitié sur la tête de la femme, en cas de décès du mari après cette époque.
Cette rente serait :

```
à 20 ans.  Différée de 35 ans 351 fr. 80       Différée de 40 ans 551 fr. 25
   25 —         —        30 — 260 » 95             —         35 — 409 » 20
   30 —         —        25 -- 185 » 80            —         30 — 300 » 60
   35 —         —        20 — 128 » 10            —         23 — 214 » 55
```

CINQUIÈME COMBINAISON. — Moyennant un versement de 52 francs par an, payable trimestriellement, on assurerait sur la tête du mari une rente viagère différée semestrielle, dont moitié serait immédiatement servie à sa femme dans le cas où il viendrait à décéder avant l'échéance du contrat.
Cette rente serait :

```
à 20 ans.  Différée de 35 ans 203 fr. 20       Différée de 40 ans 249 fr. 30
   25 —         —        30 — 167 » ..             —         35 — 212 » 10
   30 —         —        25 — 133 » 50             —         30 — 177 » 20
 · 35 —         —        20 — 102 » 10             —         23 — 143 » 50
```

conditions aux associations qui entreraient dans la voie que j'ai indiquée.

En additionnant les deux primes, c'est une somme de 62 francs par an, que coûterait la double assurance.

Si réduite que soit cette somme totale, elle peut paraître encore trop élevée pour le budget de l'ouvrier industriel ou rural. Admettons, par exemple, que l'association prenne à sa charge 22 francs sur 62, la prime à payer serait de 40 francs; c'est là une dépense que le plus petit budget peut, ce me semble, supporter annuellement. Que si certaines associations étaient hors d'état de prendre à leur charge une partie quelconque de la prime elles rendraient encore un service inappréciable à leurs membres, en les déterminant à s'assurer, en percevant la prime, en assurant la régularité des versements, en faisant à l'assuré, le cas échéant, une petite avance qu'elles récupéreraient ensuite.

Ce mode d'intervention écarterait à lui seul deux des plus grands obstacles qui s'opposent, ainsi que je l'ai déjà fait observer, à la généralisation de l'assurance dans les classes laborieuses.

L'association se plie à toutes les combinaisons et c'est là sa supériorité.

Si je ne parle que des associations et non des chefs d'industrie c'est que beaucoup d'établissements industriels ont déjà établi des caisses de retraite. Mais rien ne les empêcherait d'adopter ce mode d'assurance qui aurait l'avantage de leur permettre de mesurer leurs charges et leur ôterait la responsabilité du placement des capitaux servant de gage aux pensions de retraite.

J'ai dit que l'assuré aurait l'option entre un capital fixe ou une rente viagère. On sait que le système de la rente viagère est combattu par certains esprits, au nom de l'intérêt de l'ouvrier, de l'avenir et de la stabilité de la famille et regardé comme un principe destructif de l'épargne, comme la manifestation suprême de l'égoïsme.

Je reconnais qu'il serait à souhaiter, que l'ouvrier, que le prolétaire pussent arriver à créer, par l'économie, un capital suffisant pour leur permettre de vivre du revenu de ce capital, au moment où l'âge ou les infirmités leur rendrait le travail impossible. Il serait désirable qu'ils pussent transmettre le fruit de leurs économies, afin de constituer à la famille un capital accumulé. Ce serait l'idéal. Mais on doit se placer en présence de la réalité. Or, il n'est pas contestable que l'épargne même dans des proportions très modestes, est déjà fort difficile pour l'homme qui vit d'un salaire quotidien, que le chiffre de l'épargne accumulée sera presque toujours insuffisant pour faire vivre l'ouvrier et sa famille, le jour où la travail aura cessé, que la caisse d'épargne rend avec une augmentation insignifiante ce qui lui a été confié, tandis que dans certains cas l'assurance paye jusqu'à 200 fois ce qu'elle a reçu.

D'un autre côté que fera l'ouvrier de son capital s'il entend le placer? Quel revenu en retirera-t-il dans les conditions actuelles, étant donné l'abaissement progressif du taux de l'argent? A quels risques, à quelles exploitations ne sera-t-il pas exposé?

Enfin, si au lieu de recourir à l'assurance, il se borne à utiliser la caisse d'épargne, il y a la tentation inévitable du retrait de l'épargne, à la première épreuve qui atteindra la famille, si cette épargne n'a point été retirée déjà dans un moment d'entraînement, pour obéir à quelque appétit grossier.

La retraite par l'assurance est l'économie consolidée; la caisse d'épargne est l'économie flottante (1).

J'ajoute qu'il serait évidemment possible d'introduire dans les contrats dont j'ai parlé, une clause permettant, au bout d'un certain laps de temps, le rachat dudit contrat, c'est-à-dire le remboursement d'une portion au moins des sommes versées, et l'on arriverait également, moyennant une prime légèrement plus élevée, à garantir à la veuve de l'assuré, en cas de décès de ce dernier avant l'expiration de la police, le bénéfice de stipulations analogues.

J'ai à peine besoin de dire que je n'entends méconnaître aucun des avantages de l'épargne, sous quelque forme qu'elle se produise. Je vise un cas particulier et j'indique la combinaison qui me paraît y répondre le mieux. Je ne fais en outre que constater un fait d'expérience, en disant que les avantages de la constitution d'un capital accumulé, au point de vue de l'avenir de la famille, sont trop souvent illusoires.

La rente viagère a par contre au point de vue de l'esprit de famille d'importantes conséquences.

Il est certain que si de pauvres vieux parents impuissants à gagner leur vie, après une existence de travail, avaient une pension de retraite de 380 francs, au lieu d'être à charge à leurs enfants, au lieu d'être réduits par eux à mendier, ils seraient entourés et choyés: l'intérêt et l'affection ne seraient plus en conflit.

Ce système offre également pour les femmes de précieux avantages. Beaucoup de femmes laborieuses, de jeunes filles gagnent des salaires relativement élevés, et font des économies à la caisse

(1). Je ne saurais formuler cette doctrine sans rappeler le souvenir d'un homme qui a apporté tant de zèle a la faire prévaloir autour de lui et surtout dans nos assemblées délibérantes où il a occupé une place considérable, M. le Comte Benoist d'Azy, qui a laissé un nom si justement honoré.

d'épargne ou à la caisse de l'usine. Combien en voit-on dont le petit pécule est mangé par un mari imprudent ou débauché, dès les premières années du mariage, tandis que si cos jeunes filles avaient apporté en dot un contrat d'assurance, leurs économies auraient assuré la paix et la dignité de leurs vieux jours.

On objectera que ce système qui repose sur le concours de l'ouvrier individuellement et de l'association à laquelle il appartient se heurtera dans la pratique à une difficulté financière insurmontable. Que s'il s'applique à un nombre considérable d'associés, le chiffre des allocations complémentaires, fût-il réduit à 20 ou 10 fr., par tête, constituera, dit-on, une charge qui excédera fatalement les ressources de l'association; que s'il ne s'applique qu'à un nombre de têtes restreint, ce sera une solution insignifiante.

Je réponds qu'il importe peu que le nombre des assurés de chaque association soit restreint, si les associations elles-mêmes se multiplient indéfiniment et que c'est là le but qu'il faut atteindre. Je dirai même que l'organisation que je préconise fonctionnera bien, surtout si le nombre des assurés est limité. Mais qui empêche de créer des groupes partout, de multiplier les unités, les centres d'assurance ? Dans les milieux industriels, on a devant soi tous les éléments nécessaires. Tout est à faire et plu · malaisément dans les régions agricoles, où les pensions de retraite n'existent nulle part ; et cependant les trois quarts des ouvriers français sont des campagnards vivant directement ou indirectement de l'agriculture. Sans doute un ouvrier agricole peut faire, par un acte héroïque d'économie prévoyante, des dépôts à la caisse de la vieillesse de l'État ; mais en fait il ne le fera pas, et personne ne l'y encourage, aucune association n'ajoute ses subventions à l'économie du petit cultivateur pour compléter l'annuité qui lui assurera une retraite.

Les Syndicats agricoles réunissant propriétaires et prolétaires, patrons et ouvriers, pourraient le faire. Ils trouveraient un concours auprès des sociétés d'agriculture toujours préoccupées de maintenir dans les campagnes des populations morales et fortes. C'est le chemin que devraient prendre les gratifications données aujourd'hui aux ouvriers agricoles qui vont les boire au cabaret. *Tout devient possible, moyennant la combinaison proposée, parce que tous les concours sont réunis et se complètent.*

Peut-être alléguera-t-on que les associations, que les syndicats s'engageraient ainsi dans une voie aventureuse que la prudence déconseille. Cela n'est pas exact. On ne s'aventure pas, quand on peut calculer exactement son risque et ménager, à l'avance, les ressources qui y devront faire face. Or, c'est ici le cas. Le pire qui puisse arriver à une association est que certaines primes restent impayées; mais elle ne répond que du versement d'une année, et elle est libre, si elle le juge à propos, de laisser encourir la déchéance par l'assuré.

Il me semble bien difficile, en dehors de ce système, de rencontrer un moyen pratique permettant de faire sortir le prolétaire de la condition précaire où il vit. L'État est impuissant, — les faits le prouvent — et il serait dangereux de lui demander ce qu'il ne peut pas faire utilement et d'encourager des empiétements dont le dernier terme serait un socialisme inintelligent et fats'. Les compagnies d'assurances reconnaissent elles-mêmes qu'elles ne peuvent résoudre le problème dans notre pays. Les sociétés de secours mutuels l'ont essayé en vain : elles arrivent à donner de piètres allocations à l'immense majorité des invalides de l'âge et s'égarent dans des embarras financiers d'où elles ne peuvent sortir.

Il est vrai que si la combinaison dont il s'agit procure une retraite à l'ouvrier âgé et le garantit contre les suites des accidents qui peuvent l'atteindre, elle présente une lacune.

Il y a deux éventualités qui menacent l'ouvrier et auxquelles elle ne pourvoit pas : la maladie quand elle n'est pas la suite d'un accident et le chômage. Mais, si l'on y regarde bien, on reconnaîtra que ces deux cas exigent une association spéciale ou bien établie dans l'usine, ou bien ayant plutôt un caractère communal. Je ne dis pas que la commune doive se charger de pourvoir à ces besoins, mais elle doit intervenir, seconder, subventionner les associations locales formées dans ce but et dont la grande préoccupation doit être de constituer un patrimoine collectif à la gestion duquel seraient intéressés directement les ouvriers eux-mêmes. C'est le seul moyen de faire fonctionner un contrôle efficace, sans lequel aucune de ces sociétés de secours ne peut subsister.

Mais il ne suffit pas que le moyen qui vient d'être suggéré soit pratique, il faut encore le faire accepter, le généraliser. Or, l'initiative individuelle est lente dans notre pays; elle a besoin d'être mise en mouvement. La puissance de l'association longtemps paralysée par la législation elle-même, sommeille encore; les forces sont éparpillées; le groupement ne se fait pas. On ignore en outre tout ce que l'on pourrait tirer des contrats d'assurance.

Si quelque grande action centrale ne se produit pas pour stimuler l'initiative, faciliter, simplifier son rôle, si une grande œuvre de propagande ne triomphe pas des hésitations, des routines, de la torpeur générale, c'est en vain que ces appels seront adressés au bon sens, à la prévoyance, au devoir social, à l'intérêt bien entendu.

Et c'est précisément, en raison de cet état des choses et des esprits que la création, dans la capitale, d'un *office central de la pré-voyance*, est une mesure qui s'impose. Œuvre de la libre initiative des particuliers, inspirée uniquement par le dévouement aux classes populaires, cette institution répondrait à un besoin réel. Elle réveillerait l'esprit d'association, démontrerait aux ouvriers le parti qu'ils peuvent tirer des compagnies d'assurances, pour donner à leur vie la sécurité qui lui fait défaut, elle se chargerait de choisir les compagnies dont la solidité inspirerait tout repos, débattrait les contrats, transmettrait le montant des primes que les associations distinctes verseraient entre ses mains, préviendrait et réglerait les difficultés; elle serait, en un mot, l'homme d'affaires des associations, des syndicats. Grâce à elle, grâce à un concours à la fois expérimenté, dévoué et désintéressé, toute association, si éloignée qu'elle fût de la capitale, organiserait sans peine son système de pensions de retraite et d'assurances contre les accidents.

Parmi les moyens d'arriver à la réconciliation sociale tant souhaitée, en est-il un qui paraisse plus efficace que celui-là? Je ne vois pas, pour ma part, de liens de solidarité plus étroits, — liens d'intérêt, de gratitude, de dévouement réciproque, — que ceux qui seraient ainsi créés entre les membres de ces associations dont chacun s'imposerait un sacrifice en vue d'atteindre le but commun, c'est-à-dire en vue de mettre enfin l'existence du prolétaire à l'abri des coups qui viennent l'accabler et de le soustraire à l'empire de la misère. Une des conditions essentielles de la stabilité, de la sécurité publique se trouverait ainsi remplie et rien ne saurait manquer à la fécondité d'une solution qui repose sur des bases aussi rationnelles. La société agirait par ses forces organisées et, comme l'enseigne un remarquable esprit dont le talent et l'autorité ne cessent de grandir, M. Claudio Jannet, elle pourvoirait aux besoins nouveaux du temps, sans livrer à l'État la liberté individuelle et la vie économique.

NOTE A

En dehors d'une ou deux institutions, extrêmement restreintes hélas !
jusqu'à présent, je ne connais pas dans Paris, une seule œuvre importante, organisée pour offrir du travail en échange d'une hospitalité temporaire ou d'une certaine rémunération à des ouvriers sans ressources
lesquels, en dépit de leur bonne volonté, ne trouvent pas momentanément
l'emploi de leurs bras et sont impuissants à défendre leurs femmes et leurs
enfants contre la misère ; à des individus qui attendent leur rapatriement ;
à des infirmes qui sollicitent leur admission dans une maison spéciale ou
qui pourraient être envoyés en province ; à ces malheureux enfin que l'on
arrête pour avoir couché sous un pont, dont le seul crime est de n'avoir pas
un sou dans leur poche et que le juge du petit parquet relaxe et remet sur
le pavé dénués de toute ressource. Un homme de bien par excellence,
M. le comte de Beaufort, secrétaire général de la Croix rouge française,
s'était proposé, il y a quelques années, de combler cette lacune. Obsédé de
l'idée qu'une société civilisée doit rayer ces morts terribles : mort de faim !
suicide provoqué par la misère ! il avait conçu le projet d'une œuvre qu'il
nommait « l'œuvre des affamés » et qui eût consisté en une sorte d'ouvroir
temporaire, où un travail accessible à tous eût été organisé et en retour
duquel soit du pain, soit des bons de nourriture, soit l'hospitalité complète eussent été accordés.

Ce devait être tout autre chose, je n'ai pas besoin de le dire, que le work
house de Londres : une œuvre d'hospitalité comme celle qui existe aujourd'hui pour les femmes, à Paris, avenue de Versailles, n° 52. Absorbé
par d'autres œuvres, M. le comte de Beaufort n'a pu donner suite à son
projet. L'Allemagne a répondu à ce besoin par la fondation de ses colonies de travailleurs et ses stations hospitalières.

On objecte qu'il est difficile, surtout dans une ville, d'organiser le travail
de façon à ce qu'il puisse être à la portée de tous les hommes qui mériteraient d'être ainsi assistés. Malgré la diversité des professions ou
l'absence même de tout état, l'objection serait promptement résolue, si les
ressources nécessaires au début étaient réunies, et je connais pour ma part
une sœur de charité placée déjà à la tête d'une œuvre hospitalière qui a en
vue un genre de travail tout prêt, suffisamment rémunérateur, et de nature à occuper dès demain, plus de 150 malheureux dans un asile ou un
refuge temporaire.

NOTE B.

Parmi les différents « index numbers » que nous avons cités, quelques-uns peuvent servir à l'étude de la répartition topographique de la misère à Paris.

Ce sont : 1° Le rapport de la population indigente à la population générale par arrondissement.

2° La valeur des locaux d'habitations.

3° Le nombre d'ouvriers (nombre proportionnel.)

4° Le nombre proportionnel de domestiques.

5° Le nombre proportionnel de contrats de mariage.

6° Les classes et les modes d'inhumations employés.

Les rapports fournis par tous ces indices concordent généralement surtout dans leurs termes extrêmes. Les arrondissements où il y a le plus de domestiques, sont également ceux qui comptent le plus de contrats de mariage et d'enterrements de 1re ou de 2e classe, le moins d'ouvriers et d'indigents, ceux enfin où on trouve le moins de logements à bon marché.

De tous les arrondissements de Paris, le plus riche est le VIII°; il comprend, en effet, 272 domestiques par 1,000 habitants. Sur 1,000 ménages de deux personnes au moins, on compte 399 domestiques mâles et 726 féminins.

Sur 1,000 individus exerçant eux-mêmes un métier, il n'y a que 249 ouvriers. Sur 1,000 mariages, il y a eu en moyenne 340 contrats, depuis 1880. Sur 1,000 habitants on ne trouve que 17,8 indigents. Sur 27 enterrements de 1re classe à Paris, en 1886, il en compte 12 à lui seul.

Enfin la valeur moyenne du loyer ressort à 2,733 francs.

Cet arrondissement comprend les quatre quartiers des Champs-Élysées du Roule, de la Madeleine et de l'Europe. Le plus riche des quatre et, par suite, le quartier le plus riche de Paris, est celui des Champs-Élysées.

La valeur moyenne du loyer y ressort à 4,823 francs.

On y compte 762 domestiques mâles et 878 féminins par 1,000 ménages.

Sur 1,000 habitants exerçant un métier, on ne trouve que 268 ouvriers.

L'arrondissement le plus pauvre de Paris, est le XIII°.

Il n'y a que sept domestiques par 1,000 habitants; par contre il y a 111 indigents.

Sur 1,000 ménages de deux personnes il y a seulement 4 domestiques mâles et 23 féminins.

Sur 1,000 individus exerçant une profession il y a 702 ouvriers.

Sur 1,000 mariages la moyenne des contrats a été de 84 depuis 1880.

La valeur moyenne du loyer ressort à 336 francs.

Le quartier le plus pauvre de cet arrondissement, et le plus pauvre de tout Paris, est la Maison-Blanche.

Nombre d'ouvriers pour 1,000 individus exerçant un métier.   738

Nombre de domestiques mâles pour 1,000 ménages . .   1

Nombre de domestiques féminins pour 1,000 ménages. .   11

Valeur moyenne du loyer . . . . 202 francs

Le tableau ci-après donne le classement des quartiers de Paris en six catégories, d'après le nombre des domestiques occupés par 1,000 ménages de deux personnes au moins.

Quartiers très pauvres.	Quartiers pauvres.	Quartiers aisés.	Quartiers très aisés.	Quartiers riches.	Quartiers de luxe.
Moins de 50 domestiques.	De 50 à 99 domestiques.	De 100 à 199 domestiques.	De 200 à 299 domestiques.	De 300 à 399 domestiques.	400 domestiques et au-delà.
Roquette. Ste-Marguerite. Picpus. Salpétrière. Gare. Maison-B'anche. Santé. Necker. Grenelle. Javel. Clignancourt. Goutte d'Or. La Villette. Pont-de-Flandre. Amérique. Combat. Belleville. St-Fargeau. Père-La Chaise. Charonne.	Jardin-des-Plantes. Sorbonne. Hopital-St-Louis. Folie-Méricourt. St-Ambroise. Bel-Air. Bercy. Quinze-Vingts. Croulebarbe. Montparnasse. Plaisance. St-Lambert. Grandes-Carrières. La Chapelle.	Mail. Bonne-Nouvelle. Arts-et Métiers. Enfants-Rouges. Archives. Ste-Avoie. St-Merri. St-Gervais. Notre-Dame. St-Victor. Val-de-Grâce. Gros-Caillou. Petit Montrouge. Batignolles. Epinettes.	St-Germain - l'Auxerrois. Arsenal. Notre-Dame-des-Champs. École-Militaire. Rochechouart. St-Vincent-de-Paul. Porte-St-Martin. Auteuil.	Halles. Palais-Royal. Vivienne. Monnaie. Odéon. St-Germain-des-Prés. Faub.-Montmartre. Porte-St-Denis. Muette. Ternes. Plaine-Montceau.	Place-Vendôme. Gaillon. St-Thomas-d'Aquin. Invalides. Champs-Elysées. Faubourg-du-Roule. Madeleine. Europe. St-Georges. Chaussée-d'Antin. Porte-Dauphine. Bassins.
20 Quartiers.	14 Quartiers.	15 Quartiers.	8 Quartiers.	11 Quartiers.	12 Quartiers.

Il y a donc à Paris 20 quartiers très pauvres.
               14 — pauvres.
               15 — aisés.
                8 — très aisés.
               11 — riches.
               12 — de luxe.

Si l'on suppose que les familles qui sont servies par un domestique mâle ont aussi un ou plusieurs domestiques féminins, on est conduit à admettre que sur 1,000 ménages de deux personnes au moins, 31 ont un ou plusieurs domestiques mâles et un ou plusieurs domestiques féminins (chiffre supérieur à la réalité);

120 ont un ou plusieurs domestiques féminins (chiffre supérieur à la réalité);

829 n'ont pas de domestiques (chiffre au-dessous de la réalité).

Si on construisait des tableaux identiques pour les autres « index numbers » que nous avons cités, on trouverait que leurs termes coïncident, sensiblement.

Quelquefois cependant on remarque de légères différences, mais on comprend, par exemple, que les valeurs locatives décroissent plus vite que l'aisance individuelle, quand on passe des quartiers très commerçants du centre aux quartiers de l'Est ou du Sud.

Je prie les lecteurs de se rapporter aux cartogrammes annexés à ces notes; ils ont été dressés par M. Maurice Harbulot, membre distingué de la société de statistique de Paris, dont la compétence spéciale m'a été très utile dans ces recherches.

NOTE C.

Dans une séance tenue récemment par la Société générale des prisons, M. le pasteur Robin, le fondateur de la maison hospitalière de la rue Clavelle à Belleville, dont le nom est si connu et si justement honoré dans le monde des œuvres charitables et sociales, est entré dans d'intéressants détails sur ces stations hospitalières (*natural verpflegungstation*). Il avait exposé auparavant les mesures prises en Allemagne pour combattre la mendicité et le vagabondage, et signalé la fondation, depuis 1882, des colonies de travailleurs qui poursuivent le même but que les stations de logement; les premières étant destinées aux ouvriers sans travail et les secondes aux travailleurs qui s'y rendent et qui sont dénués de ressources pour le voyage.

Il existait en Allemagne 13 colonies de travailleurs en 1886; il en existait 20 au 1er janvier 1889. Toutes ces colonies ont un même règlement, bien qu'ayant leur administration locale et financière particulière; elles sont reliées entre elles par un comité central qui s'occupe de leurs intérêts, plaide leur cause auprès du public et étudie les questions qui sont pour elles d'un intérêt général. Comme règle d'admission, il n'en existe qu'une : l'acceptation du règlement de la colonie par le travailleur qui s'y présente; aucun papier n'est exigé; l'obligation seule du travail étant la première condition du règlement.

Le séjour est indéterminé; mais il ne peut excéder, en général, une durée de quatre mois.

Les stations de logement, dont quelques-unes ont reçu un nom particulier, celui d'*auberges chrétiennes*, pour indiquer dans quel esprit elles sont dirigées, sont destinées aux voyageurs pauvres qui n'ont pas le moyen de payer leur dépense de nourriture et de logement, auxquels on demande, en retour de l'hospitalité qu'ils y reçoivent, une certaine somme de travail; quiconque après avoir été admis, refuserait le travail exigé, peut être déféré à la police et *condamné pour escroquerie*, comme ayant fait une dépense dont il n'avait pas l'intention d'acquitter le montant.

Ces établissements sont des fondations privées ou communales reliées entre elles, comme les colonies de travailleurs, par les mêmes règles et placées, comme elles aussi, sous le patronage du Comité central qui s'occupe d'en assurer le développement et le fonctionnement régulier.

La durée du séjour n'est que de vingt quatre heures, à l'exception du dimanche qui la double et pendant lequel aucun travail ne doit être exigé.

La durée du travail demandé est de quatre heures, pour un jour et une nuit d'hospitalité; elle doit être double, si l'hospitalité a été accordée le samedi. Dans l'État prussien, sur 535 arrondissements ou cercles, 320 possèdent des stations de logement; 125 stations se trouvent installées dans les auberges chrétiennes, 388 dans les hôtels et 378 dans d'autres établissements. 503 stations sont pourvues de bureaux de placement; 768 stations sont subventionnées par les communes et 107 par les comités privés.

Comme résultat de ces mesures, on a constaté que la mendicité avait disparu dans 304 arrondissements, fortement diminué dans 403. On a vu dans les provinces où cette organisation existe, une diminution de 9,075 pour les condamnés correctionnels, mendiants et vagabonds. (*Bulletin de la Société générale des prisons*, 1889.)

ERRATUM

Page 12, ligne 11, au lieu de 47 %, lire : 6,894 ou 14,47 % (soit 15 %).
Page 47, ligne 24, au lieu de se rapporter, lire : se reporter.

CARTOGRAMMES

DONNANT D'APRÈS LES DOCUMENTS OFFICIELS LES PLUS RÉCENTS

LA RÉPARTITION TOPOGRAPHIQUE

DE

LA MISÈRE A PARIS

Dressés sous la direction de M. LEFÉBURE

Par M. Maurice HARBULOT

De la Société de statistique de Paris.

DIAPASON DES TEINTES :

Indique les ARRONDISSEMENTS ou les QUARTIERS très pauvres.

Indique les ARRONDISSEMENTS ou les QUARTIERS pauvres.

Indique les ARRONDISSEMENTS ou les QUARTIERS aisés.

Indique les ARRONDISSEMENTS ou les QUARTIERS très aisés.

Indique les ARRONDISSEMENTS ou les QUARTIERS riches.

Indique les ARRONDISSEMENTS ou les QUARTIERS de luxe.

Cartogramme N° 1.

Dressé sous la direction de M. Léon Lefébvre, par Maurice Habenlot de la Société de statistique de Paris.

Cartogramme N° 2.

Dressé sous la direction de M. Léon Lefébure, par Maurice Harbulot, de la Société de statistique de Paris.

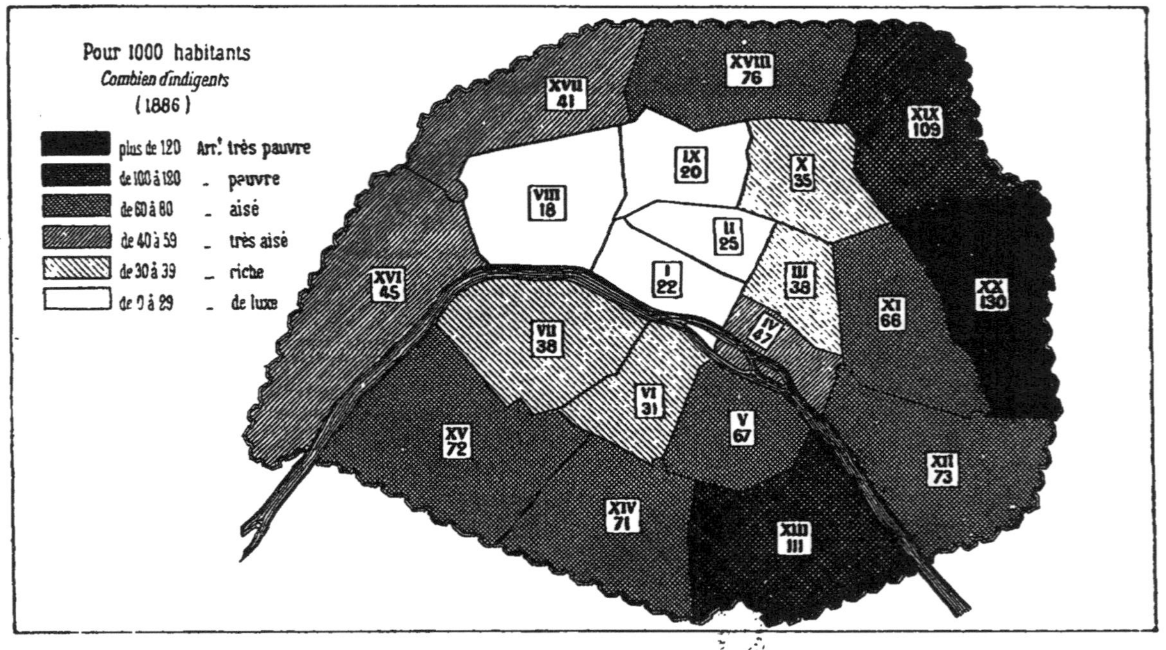

Cartogramme N° 3.
Dressé sous la direction de M. Léon Lefébure, par Maurice Harbulot, de la Société de statistique de Paris.

Cartogramme Nº 4.

Dressé sous la direction de M. Léon Lefébure, par Maurice Harbulot, de la Société de statistique de Paris.

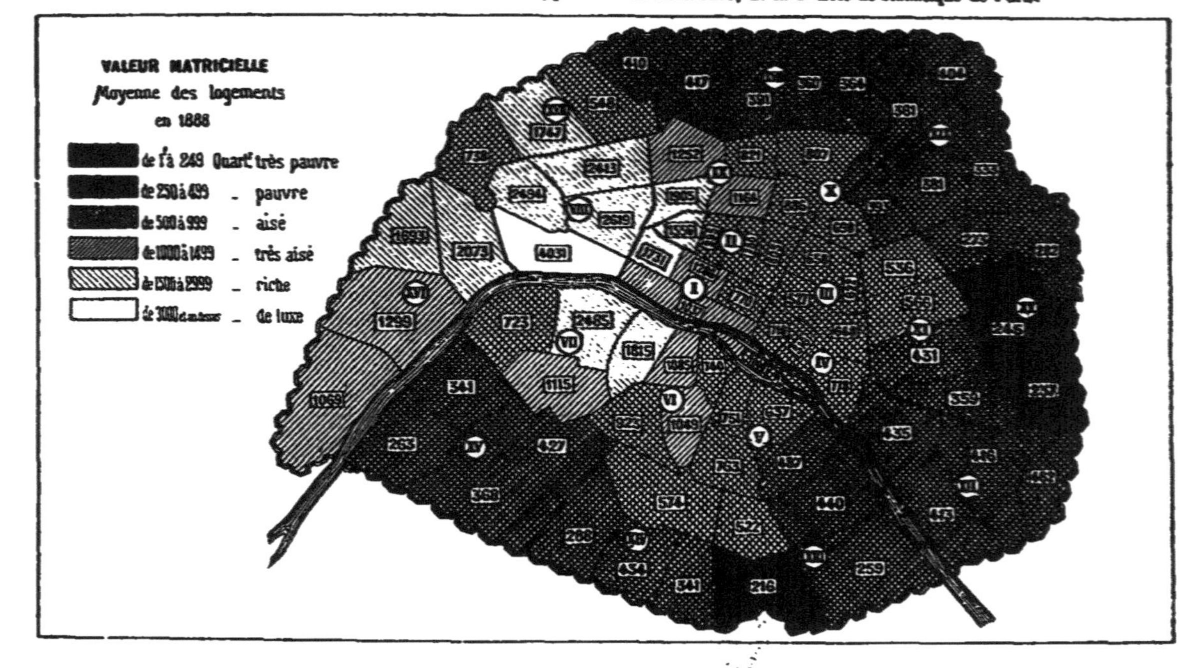

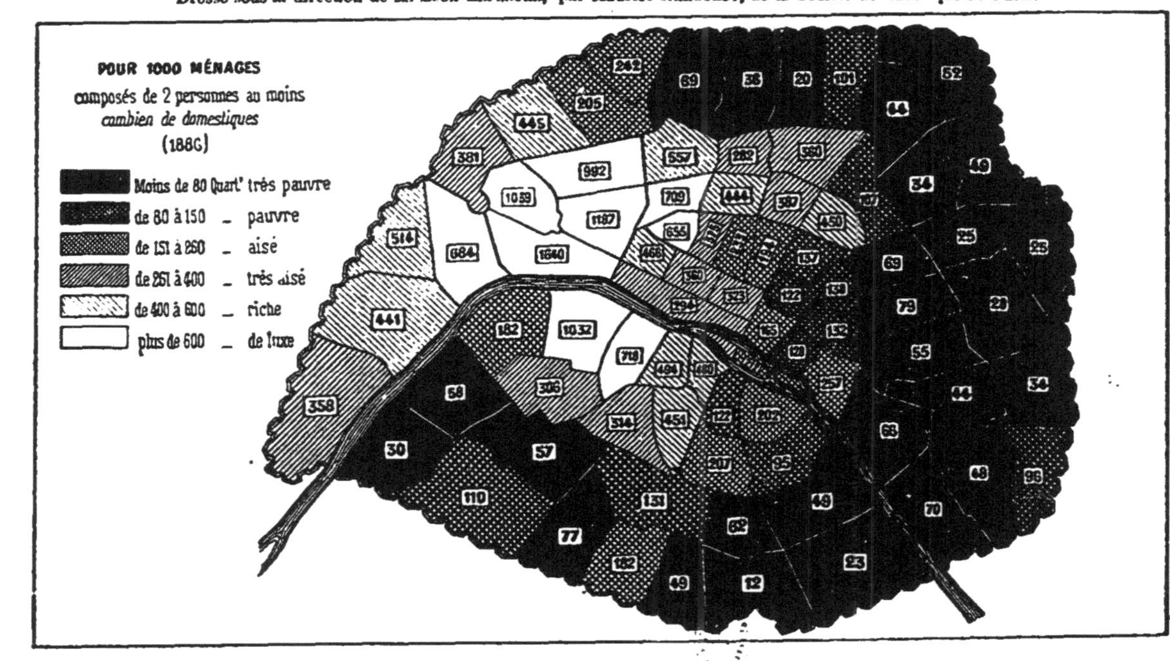

Cartogramme N° 8.
Dressé sous la direction de M. Léon Lefébure, par Maurice Hanbulot, de la Société de statistique de Paris.
POUR 1000 MÉNAGES
composés de 2 personnes au moins
combien de domestiques
(1886)
Moins de 80 Quart' très pauvre
de 80 à 150 _ pauvre
de 151 à 250 _ aisé
de 251 à 400 _ très aisé
de 400 à 600 _ riche
plus de 600 _ de luxe

www.ingramcontent.com/pod-product-compliance
Ingram Content Group UK Ltd.
Pitfield, Milton Keynes, MK11 3LW, UK
UKHW020956120726
13693UKWH00004B/1711